..TTÉRAIRE CONTEMPORAIN A 10 CENTIMES LA LIVRAISON

GEORGE SAND

JEAN DE LA ROCHE

Prix : 90 centimes

PARIS

MICHEL LÉVY FRÈRES, ÉDITEURS

RUE VIVIENNE, 2 BIS ET BOULEVARD DES ITALIENS, 15

A LA LIBRAIRIE NOUVELLE

1869

JEAN DE LA ROCHE

PAR

GEORGE SAND

AVANT-PROPOS

Le nom de *la Roche* est très-répandu dans toutes les provinces de la France, et, en le donnant au personnage dont je vais raconter les aventures, j'avertis d'avance les lecteurs naïfs qu'il ne faut les attribuer à aucun des habitants de la localité où je place la scène et que je compte fidèlement décrire.

Cette précaution oratoire semblera puérile aux personnes de bon sens, qui savent qu'un roman est toujours enveloppé d'une fiction, sous peine de n'être plus un roman. Elle est pourtant nécessaire, cette précaution, envers bon nombre de provinciaux, lecteurs trop excellents, qui prennent tout au sérieux, et qui n'admettent pas l'invention dans les ouvrages d'art. Avec ceux-là, il faut s'attendre à d'étranges méprises. On ne saurait décrire leur clocher, même sous un nom fictif, ou tomber, à son propre insu et par hasard, sur le nom de leur clocher en décrivant un clocher quelconque, sans mettre en émoi une notable portion des paroissiens.

Ceci est arrivé dernièrement à un auteur de ma connaissance pour avoir placé la scène d'un de ses romans dans un jardin de café attenant à un théâtre, lequel attenait à un couvent. Cette disposition locale et deux ou trois figures qu'il avait vues passer dans l'éloignement lui ayant donné l'idée d'une situation romanesque, un soir qu'il rêvait par là pendant un entr'acte, naturellement un maître de café, une religieuse et un comédien de province, devinrent les personnages principaux de son roman, et, comme dans ladite localité il n'y avait pas l'apparence d'une situation romanesque entre de tels personnages, l'auteur y plaça sans scrupule une histoire dont le fond était réel, et qui est arrivée très-loin de là, dans un autre milieu, avec d'autres circonstances et une autre mise en scène.

Ces soins furent inutiles. En vain *la Faille-sur-Gouvre* (petite ville cousine germaine de celle de *Molinchart*) couvrit-elle le nom véritable de celle où notre auteur avait pris une tasse de café en ruminant le *décor* de son roman ; en vain attribua-t-il à son héros principal, appelé *Narcisse*, de légers ridicules et une grande passion, afin de le déguiser complétement : la paroisse s'écria que c'était monsieur un tel, lequel avait dû aimer une religieuse et avoir pour rival un comédien, que l'affreux mystère était enfin dévoilé, et qu'il fallait en connaître l'héroïne. J'ai même ouï dire que l'on s'était ému derrière les grilles du couvent, et que le roman bâti par les lecteurs ne s'était arrêté en route que faute de personnages.

Il est vrai que l'auteur du roman imprimé avait commis une grande faute : il avait peint la figure extérieure de Narcisse ; il avait fait comme les peintres qui, rencontrant une belle tête, douce, honnête et sympathique, en font à la hâte un croquis, l'enferment dans leur portefeuille avec d'autres études, et, un beau jour, ayant à placer dans une composition un type de droiture et de bonté, retrouvent avec plaisir l'esquisse d'après nature, et l'habillent en paysan ou en prince, selon les convenances de leur sujet.

L'auteur du roman en question ne s'en fit ni scrupule ni reproche : mais certains autres personnages voulurent aussi reconnaître leur visage, auquel il n'avait point songé, et il reçut, comme d'habitude, des reproches ou des encouragements pour sa prétendue indiscrétion.

Nous ne parlerions pas de ces incidents comiques, accessoires obligés de toute publication de ce genre offrant un caractère de réalité quelconque, si, à propos d'un autre roman publié, il y a un an bientôt, dans la *Revue des Deux Mondes*, un incident analogue n'eût pris, sous le stimulant de la haine ou de la spéculation (nous aimons mieux croire à la haine, bien que rien ne nous l'explique), des proportions, je ne dirai pas plus fâcheuses pour l'écrivain dont il s'agit, mais beaucoup plus indécentes par elles-mêmes et véritablement indignes de la Faille-sur-Gouvre : car, à la Faille-sur-Gouvre, on n'est qu'ingénu, tandis que, dans de plus grands centres de civilisation, on est hypocrite, et on couvre une affaire de rancune ou de boutique des fleurs et des cyprès du sentiment.

Sans nous occuper ici d'une tentative déshonorante pour ceux qui l'ont faite, pour ceux qui l'ont conseillée en secret et pour ceux qui l'ont approuvée publiquement, sans vouloir en appeler à la justice des hommes pour réprimer un délit bien conditionné d'outrage et de calomnie, répression qui nous serait trop facile, et qui aurait l'inconvénient d'atteindre, dans la personne des vivants, le nom porté par un mort illustre, nous essayerons de trancher, à notre point de vue, une question qui a été soulevée à propos de cet incident, et qui peut être discutée sans amertume.

Deux opinions ont été mises en présence. Selon la première, l'artiste doit tout puiser dans son imagination, c'est-à-dire ne raconter, même sous le voile de la fiction, aucun enchaînement de faits observés par lui dans la réalité, et ne peindre aucun caractère, aucun type pris sur nature. D'après cette sentence, tout artiste qui retrace des scènes de sa propre vie, ou qui analyse des sentiments de son propre cœur, commet une indécence, et livre son âme en pâture à la populace. Donc (si cet artiste est une femme surtout), toute populace a le droit de l'insulter et de le calomnier, à la plus grande gloire de son pays et de son siècle.

Selon l'opinion contraire, tout artiste, sous peine de ne plus être artiste du tout, doit tout puiser dans son propre cœur, c'est-à-dire qu'il ne doit écrire, parler, chanter ou peindre qu'avec son âme, ne juger qu'avec son expérience ou sa conviction, n'étudier qu'avec son individualité, enfin n'émouvoir les autres qu'à l'aide de sa propre émotion, actuelle ou rétrospective. Il doit son âme à la multitude, et le jugement de la populace ne doit pas le préoccuper un instant, vu que, si, dans les multitudes, il y a toujours, sous le rapport intellectuel et moral, une populace inintelligente, méchante et grossière, la multitude renferme aussi dans ses rangs l'aristocratie des lumières et la saine bourgeoisie de la raison.

Ce serait donc, d'après cette opinion, qui est la nôtre, mépriser son époque et ses contemporains, que de regarder la renommée comme une flétrissure, et de préférer le silence qui procure le repos, parce qu'il établit l'impunité, à l'expansion qui donne le mérite, parce qu'elle prouve le courage.

Tout ceci amène la question suivante : Faut-il être artiste pour soi tout seul dans la vie murée, ou faut-il l'être au profit des autres, en rase campagne, en dépit des amertumes de la célébrité ?

Nous répondrons que d'excellents esprits et de nobles cœurs peuvent fort bien se passer de notoriété, attendu que ce n'est pas le retentissement qui constitue le mérite, — il n'en est qu'un résultat, quelquefois inévitable et même quelquefois involontaire, — mais qu'aux yeux de certains artistes croyants, tous les inconvénients que la notoriété entraîne doivent être subis de bonne grâce, parce que l'expansion leur paraît un devoir à remplir, non-seulement au point de vue de l'art, mais encore à celui du libre examen des choses de l'âme. Ceux qui sont partis de ce principe, ou qui, sans l'avoir creusé au début, l'ont reconnu en route et accepté avec toutes ses conséquences, ne sont pas si faciles que l'on croit à effrayer et à mortifier. On peut même être *femme* et ne pas se sentir atteint par les divagations de l'ivresse ou les hallucinations de la fièvre, encore moins par les accusations de perversité qui viennent à l'esprit de certaines gens habitués à trop vivre avec eux-mêmes. On peut aussi supporter le blâme irréfléchi des esprits frivoles ou l'injure systématique des cerveaux rétrogrades, et, sans perdre le respect dû à toute conviction naïve, répondre à tous : « Vous n'avez pas regardé assez avant pour bien voir l'utilité de mon courage et le résultat final de ma mission. »

Selon nous, l'artiste doit donc se dire qu'il lui a toujours été et qu'il lui sera toujours commandé d'utiliser son expérience et de tracer la peinture du cœur humain tel qu'il a battu en lui-même, ou tel qu'il s'est révélé à lui chez les autres dans les grandes antithèses de la vie. Le goût, qui est une règle d'art, et le respect des personnes, qui est une règle de conduite, exigent seulement de lui une fiction assez voilée pour ne désigner en aucune façon la réalité des personnages et des circonstances. S'il ne s'est jamais écarté de ce principe facile et simple, il est en droit de répondre —, à quiconque se permettra de l'interroger et de le commenter publiquement — qu'une telle recherche est brutale, inconvenante, mortelle pour la dignité de la critique et attentatoire à la liberté de l'écrivain ; qu'en outre elle est maladroite, puisque ceux qui prétendent deviner une figure de roman et s'offenser de quelque ressemblance trahissent imprudemment et misérablement un secret que l'auteur avait gardé, et livrent au public des révélations qui ne lui étaient pas destinées. Ces déplorables vengeurs salissent ce qu'ils touchent, et toute âme honnête doit demander au ciel d'en préserver sa mémoire.

Mais il est un moyen de rendre ces fureurs impuissantes et de faire qu'elles crient sans écho dans le vide : c'est de ne jamais écrire sous l'oppression d'un mauvais sentiment ; c'est d'être vrai sans amertume et sans vengeance ; c'est d'être juste et généreux envers le passé qu'on s'est remis sous les yeux ; c'est de ne peindre les malheurs du caractère ou les égarements de l'âme qu'en cherchant et en découvrant leur excuse dans la fatalité de l'organisation ou des circonstances ; c'est enfin de garder le respect que l'on doit au génie, et de prouver, par tous ces égards du cœur, le tendre pardon final qu'il est si naturel et si doux d'accorder aux morts.

Ces réflexions nous ont semblé utiles à placer en tête d'un roman quelconque. Le roman est un art nouveau, c'est une création de notre époque. Ce siècle a vu vivre et mourir miss Edgeworth, madame de Staël, Walter Scott, Cooper, Balzac et bien d'autres. L'éducation du public est cependant encore un peu à faire, car, au milieu de tous ces genres différents, où chaque nom est une tentative personnelle et chaque gloire une conquête particulière, le lecteur, étonné et avide, s'inquiète encore du procédé plus que du résultat.

Je me figure voir ce public, toujours le même au fond, amassé jadis autour des premiers essais de la peinture à l'huile, et se préoccupant des secrets du métier plus que du sens des œuvres et des progrès réels de l'art. Cela est assez naturel. C'est donc aux artistes de s'expliquer quelquefois, de dire que le procédé n'est rien, et que l'affaire du public n'est pas de chercher les ouvriers qui ont broyé la couleur, ou les modèles qui ont posé devant le peintre, mais d'examiner le tableau, d'en comprendre les qualités ou les taches, et de l'apprécier suivant ce qu'il enseigne plus ou moins bien, à savoir l'élévation des sentiments et des idées, le sens de l'art, la manifestation du beau dans le vrai ou du vrai dans le beau, la science du réel ou l'émotion de l'idéal.

Si l'artiste est resté au-dessous de sa pensée et de la vôtre, s'il a dans les types humains avili l'empreinte de la Divinité sous une interprétation sordide, condamnez-le : mais si, en étudiant le réel avec conscience, il a respecté la noblesse de l'origine céleste, ne cherchez pas autour de vous les noms ou les traits de ses modèles. Ils existent sans doute dans la réalité, car nul n'invente en dehors de ce que peuvent percevoir les sens, et les dieux mêmes se présentent à l'imagination sous des traits humains ; mais, en se traduisant sous la main d'un artiste véritable, ces modèles, grands ou vulgaires, effrayants ou suaves, entrent dans une vie nouvelle à l'état d'abstractions frappantes et de types impérissables, aussi bien que le *Moïse* de Michel-Ange, que l'*Arétin* de Titien ou le *Charles Ier* de Van Dyck.

On peut et on doit appliquer à l'art de raconter ce que nous disons ici de l'art de peindre, car les procédés sont les mêmes pour tous les arts sérieux. On peut et on doit dire aux écrivains : « Respectez le vrai, c'est-à-dire ne le rabaissez pas au gré de vos ressentiments personnels ou de votre incapacité fantaisiste ; apprenez à bien faire, ou taisez-vous ; » et au public : « Respectez l'art : ne l'avilissez pas au gré de vos préventions inquiètes ou de vos puériles curiosités ; apprenez à lire, ou ne lisez pas. »

Quant aux malheureux esprits qui viennent d'essayer un genre nouveau dans la littérature et dans la critique en publiant un triste pamphlet, en annonçant à grand renfort de réclames et de déclamations imprimées que l'horrible héroïne de leur élucubration était une personne vivante dont il leur était permis d'écrire le nom en toutes lettres, et qui lui ont prêté leur style en affirmant qu'ils tenaient leurs preuves et leurs détails de la main d'un mourant, le public a déjà prononcé que c'était là une tentative monstrueuse dont l'art rougit et que la vraie critique renie, en même temps que c'était une souillure jetée sur une tombe.

Et nous disons, nous, que le mort illustré renfermé dans cette tombe se relèvera indigné quand le moment sera venu. Il revendiquera sa véritable pensée, ses propres sentiments, le droit de faire lui-même la fière confession de ses souffrances et de jeter encore une fois vers le ciel les grands cris de justice et de vérité qui résument la meilleure partie de son âme et la plus vivante phase de sa vie. Ceci ne sera ni un roman, ni un pamphlet, ni une délation. Ce sera un monument écrit de ses propres mains et consacré à sa mémoire par des mains toujours amies. Ce monument sera élevé quand les insulteurs se seront assez compromis. Les laisser aller dans leur voie est la seule punition qu'on veuille leur infliger. Laissons-les donc blasphémer, divaguer et passer.

Quelques amis ont reproché à l'objet de ces outrages de les recevoir avec indifférence ; d'autres lui conseillaient, il est vrai, de ne pas s'en occuper du tout. Après réflexion, il a jugé devoir s'en occuper en temps et lieu ; mais il n'était guère pressé. Il était en Auvergne, il y suivait les traces imaginaires des personnages de son roman nouveau à travers les sentiers embaumés, au milieu des plus belles scènes du printemps. Il avait bien emporté le pamphlet pour le lire, mais il ne le lut pas. Il avait oublié son herbier, et les pages du livre infâme furent purifiées par le contact des fleurs du Puy-de-Dôme et du Sancy. Suaves parfums des choses de Dieu, qui pourrait vous préférer le souvenir des fanges de la civilisation ?

GEORGE SAND.

Nohant, le 1er octobre 1859.

I

Je peux dire sans hyperbole que j'ai été élevé dans un rocher. Le château de mes pères, très-bien nommé le château de la Roche, est bizarrement incrusté dans l'excavation d'une muraille de basalte de cinq cents pieds d'élévation. La base de cette muraille forme, avec son vis-à-vis de roches identiques, une étroite et sinueuse vallée où, à travers de charmantes prairies ombragées de saules et de noyers, serpente et bondit en cascatelles impétueuses un torrent inoffensif. Le chemin qui conduit chez nous passe sur le versant qui nous fait face, lequel se relève presque aussitôt et nous enferme dans un horizon de bois de pins extrêmement triste et borné.

C'est donc un nid que le château de la Roche, un vrai nid de troglodytes, d'autant plus que tout le flanc du rocher dont nous occupons le plus large enfoncement est grossièrement creusé de grottes et de chambres irrégulières que la tradition attribue aux *anciens hommes sauvages* (c'est le mot très-juste dont se servent nos paysans), et que les antiquaires n'hésitent pas à classer parmi ces demeures des peuples primitifs que l'on rencontre à chaque pas sur certaines parties du sol de la France.

Bien que notre domaine fût situé dans le département de la Haute-Loire, et que l'on s'habitue déjà en France à regarder les limites des départements comme celles des anciennes provinces, ma famille se défendait énergiquement de n'être pas de la noblesse d'Auvergne, et elle avait raison, puisque l'Auvergne avait autrefois pour limite la montagne de Bar et s'étendait, par conséquent, bien au delà de Brioude.

Il faut connaître les rivalités tenaces qui ont existé durant des siècles entre les pays limitrophes, et qui se font encore sentir avec âpreté, pour comprendre à quel point mes vieux oncles et mes vieilles tantes tenaient à être de souche auvergnate et à n'avoir rien de commun dans leurs origines avec le Velay.

Le château de mes pères est planté haut dans la

rocher, puisque ses clochetons élancés en dépassent la crête. Un détail peindra tout à fait la situation. Ma mère, étant d'une faible santé et n'ayant d'autre promenade qu'une petite plate-forme au pied du château, sur le bord de l'abîme, ou le sentier rapide qui descend en zigzag aux rives du torrent, ou encore le chemin raboteux et cent fois exploré qui tourne à droite vers le coteau déprimé pour franchir le ruisseau et revenir, en face de nous, se perdre dans les bois, imagina de se créer un jardin au sommet de l'abîme où nous perchons. Comme celui de tous les contreforts basaltiques des environs, ce sommet est très-uni. Il est couvert de bonnes terres végétales et de buissons épais où il était facile de percer des allées et de dessiner des parterres. Seulement, un précipice séparait la châtelaine de cette cime enviée, par la raison que l'édifice n'est incrusté dans le rocher qu'en apparence. Les habiles architectes de la renaissance n'ont pas commis la faute de le cimenter à cette roche cristallisée en longs prismes que la gelée, l'orage ou les infiltrations menacent sans cesse. Un espace libre, de vingt pieds de large, est caché entre la roche et les derrières du castel. Tous les ans, on déblaye les ruines du rocher et on répare les reins plus ou moins endommagés de l'édifice, en attendant qu'un grand écroulement l'emporte au fond du gouffre. Ma mère, qui s'était habituée aux périls sans remède d'une pareille demeure, fit résolûment ouvrir une porte au dernier étage, près des combles, et jeter un pont de bois sur le haut du rocher, qu'un médiocre entaillement mit de niveau avec ce passage.

Le petit manoir est, quant à l'extérieur, un vrai bijou d'architecture, assez large, mais si peu profond, que la distribution en est fort incommode. Tout bâti en laves fauves du pays, il ne ressemble pas mal, vu de l'autre côté du ravin, à un ouvrage découpé en liége, surtout à cause de son peu d'épaisseur, qui le rend invraisemblable. A droite et à gauche, le rocher revient le saisir de si près, qu'il n'y a, faute d'espace aplani, ni cour, ni jardins, ni dépendances adjacentes. Les caves et les celliers sont installés dans les grottes celtiques dont j'ai parlé. Les écuries, les remises et la ferme sont une série de maisonnettes échelonnées sur les étages naturels du ravin, à quelque distance du manoir. Ces constructions pittoresques se relient à un moulin dont le bruit frais et monotone a bercé toutes les siestes alanguies de ma première enfance, durant les étés courts, mais brûlants, qui s'engouffrent dans l'étroit précipice où nous sommes enfermés.

On arrivait à cette impasse par un chemin taillé dans le roc vif et ombragé de grandes ronces pendantes. On entrait chez nous par un des profils de la façade. Il fallait monter encore une vingtaine de marches en larges dalles déjetées et brisées, et ouvrir une porte vermoulue toute couverte de ferrures savamment découpées. Le guichet et la serrure, chefs-d'œuvre de complication, étaient dignes d'échapper à la rouille centenaire et de briller sur l'étagère d'un musée. Les armes de la famille écussonnaient le tympan de l'entrée. Cette entrée franchie, on se trouvait sur l'étroite plate-forme, taillée comme le chemin dans le rocher, mais bordée d'un mur à hauteur d'appui en blocs bruts. C'était donc une corniche et non une cour. Les portes et fenêtres du rez-de-chaussée, très-élégantes, mais très-délabrées, s'égayaient de quelques rosiers grimpants et de guirlandes de chèvrefeuille sauvage.

De là on pénétrait de plein-pied dans la salle à manger, dans le salon, puis dans la chambre d'honneur, qui servait de salon plus intime à ma mère. Au-dessus, un étage de chambres assez nues était destiné à son logement, au mien, et à l'hospitalité envers quelques amis. Deux autres étages restaient dans l'abandon le plus complet, sauf les chambrettes affectées au domestique peu nombreux de la maison, un vieux valet de chambre, cocher à l'occasion, une femme de charge servant de fille de chambre à ma mère, et une robuste cuisinière, excellente femme dévouée qui s'appelait Catherine et qui m'aimait particulièrement : c'est elle qui soignait les vaches et le poulailler.

Les appartements n'avaient rien de remarquable au premier, au deuxième et au troisième étage. En revanche, le rez-de-chaussée était fort intéressant. Il offrait, je ne dirai pas un état de conservation satisfaisant (tout était fané et usé), mais au moins le spectacle rare d'une authenticité complète. On a vu suffisamment, par ce qui précède, que nous étions pauvres. Douze mille francs de rente environ, avec l'obligation de conserver tant bien que mal un petit édifice encore beaucoup trop vaste pour notre état de maison, et l'obligation non moins sacrée pour des gentilshommes campagnards de recevoir honorablement quelques voisins, c'était plus que la gêne sans être la misère. C'était cet ensemble de privations morales et intellectuelles qui se dissimule sous une apparence de bien-être apathique. C'était cet état problématique qui fait dire au passant aisé : « Voilà de pauvres seigneurs ! » tandis que le paysan qui le guide vers ces demeures féodales, objet de son respect héréditaire, les lui montre avec orgueil et s'étonne de les voir dédaignées par les appréciateurs du moderne confortable.

Nos aïeux, sans être fort riches, avaient eu plus

d'aisance que nous, puisqu'ils avaient fait bâtir ce manoir, dont la moindre réparation nous était si onéreuse, et pour lequel le moindre embellissement nous eût été impossible ; mais ils avaient vu diminuer progressivement leurs ressources. Il n'était pas besoin, pour s'en assurer, de consulter notre histoire de famille ; il suffisait de jeter les yeux sur le mobilier, qui n'avait pas été renouvelé depuis l'époque de Louis XIII, et qui, par lui-même, ne caractérisait point une existence de splendeur. C'était, dès ce temps-là, l'intérieur d'un gentilhomme médiocre. En cela précisément, cet intérieur était digne d'intérêt. Le luxe et le goût ont conservé ou exhumé beaucoup d'objets de goût et de luxe, mais ceux qui ne servent qu'à préciser le caractère des temps ont généralement disparu du sol de la France. Ainsi je n'ai revu nulle part certains détails d'ornementation intérieure qui existent encore au château de la Roche, entre autres une cheminée de la chambre d'honneur, toute en bois peint de couleurs voyantes, ainsi que le trumeau et le manteau étroit sur lequel, en guise de flambeaux ou de vases, s'élevaient deux découpures de bois mince et peint dans les mêmes tons que le reste, représentant une sorte de haute palme enroulée autour d'une fleur de fantaisie. Cela est franchement laid, fragile, inutile, pauvre et barbare ; mais cela existe encore, et c'est quelque chose que d'exister quand on n'a aucun droit, aucun motif de survivre aux causes ordinaires de destruction.

Une autre curiosité des appartements du rez-de-chaussée, c'étaient les peintures des panneaux de bois de la muraille et des minces poutrelles qui rayent les plafonds. J'ignore si notre ancêtre, contemporain de Richelieu, avait vu des fresques antiques en Italie, mais il avait une prédilection marquée pour certains tons semi-étrusques que l'on pourrait appeler *pompéiens*. Le fond des trois pièces était d'un brun chocolat rehaussé par des filets et des ornements bleu clair, rouge brique et blanc mat. Cet assemblage de tons, que la vétusté harmonise ordinairement, était resté d'un criard atroce. Ainsi, sur les parois de la salle à manger, la vue était offensée par un placage d'armoiries et de devises insolemment blanches sur des carrés bruns, séparés par un impitoyable grillage coquelicot, qui, depuis vingt ans, faisait pleurer les yeux de ma mère sans qu'elle se crût le droit d'y faire toucher ou de manger ailleurs. Le lit de la chambre d'honneur, monté sur une estrade qui occupait le tiers du local, était garni de drap vert brodé en blanc et en jaune, combinaison non moins désagréable, et aux quatre coins du dais s'élevaient quatre vases ouvragés en passequille, fort curieux à coup sûr, mais d'un goût détestable. Le miroir placé sur la table de toilette avait pour support deux grands personnages velus, ou plutôt deux ours à face humaine, affreux satyres en chêne noir sculpté, qui étendaient chacun un bras (les deux autres étaient cassés) pour tenir une couronne au-dessus de la glace.

Dans cette chambre d'honneur, le peintre des panneaux avait fait de grands frais d'imagination. Sur l'éternel fond chocolat à filets rouges, il avait barbouillé, au lieu des écussons blancs de la salle à manger, de véritables sujets à la mode du temps : ici, un château fort ; à côté, une sirène ; plus loin, un *signor* Pantalon imité de Callot ; ailleurs, une bergère de l'*Astrée*, etc. C'était aussi barbare d'exécution que le reste. Pourtant les archéologues du pays retrouvaient là avec plaisir l'indication grossière de plusieurs manoirs de la contrée, aujourd'hui ruinés ou même complétement disparus.

Les dressoirs, crédences et tables de ces trois pièces étaient d'un fort beau style antérieur à la renaissance, mais en si mauvais état, que les souris tenaient cour plénière dans les tiroirs, et qu'à chaque instant on les voyait folâtrer sur les délicates découpures dont elles-mêmes semblaient faire partie. Ces vieux meubles, respectés par notre aïeul l'amateur de tons étrusques, n'avaient pas bougé de là depuis quatre siècles. Le lit s'affaissait de lui-même lentement sur ses pieds vermoulus, le carreau, de très-petites briques fendillées, s'en allait en poussière, et, sur les marges des fenêtres, toutes les herbes folles de la création s'étaient donné rendez-vous.

II

Nous vivions, ma mère et moi, dans ces débris, dans cette poudre du passé, elle pâle, mince et rêveuse, moi pâle et mince aussi, mais plutôt mélancolique et inquiet que résigné ou contemplatif.

Ma mère était encore une jeune femme quand je commençais à n'être plus un enfant. Mariée à quinze ans, elle avait fort peu dépassé la trentaine quand j'atteignis moi-même l'âge où elle m'avait mis au monde. Elle avait encore la figure assez agréable pour faire l'illusion d'une sœur à ceux qui nous voyaient ensemble ; mais une santé fragile, un regret inextinguible de la perte de son mari et une habitude de nonchalance douloureuse l'avaient tellement jetée dans le renoncement d'elle-même, qu'elle me fit toujours l'effet d'avoir, non pas seize, mais cinquante ans de plus que moi.

Elle était d'une douceur angélique et d'une bonté un peu froide, soit que son cœur se fût usé dans les larmes du veuvage, soit qu'elle se fût tracé un plan de conduite à mon égard. J'ai pensé souvent que, me voyant couver une grande ardeur d'expansion sous mon air tranquille, elle s'était efforcée de me contenir le plus longtemps possible par un aspect de dignité calme. C'était peut-être me condamner à jeter hors d'elle et de moi-même la flamme intérieure qu'elle s'efforçait de comprimer.

S'il y a là un reproche contre elle (et ce n'est pas ainsi que je l'entends), c'est du moins le seul que je puisse adresser à sa mémoire. Elle était d'une justice et d'une mansuétude admirables. L'austérité de son âme ne répandait ni aigreur dans ses manières, ni amertume dans ses paroles. Sa piété n'avait pas d'intolérance, sa charité ne faisait pas de choix. Elle était estimée et respectée, elle eût été aimée de son entourage si elle eût voulu dire à qui que ce soit un mot d'amitié; mais il semblait qu'après l'amour de mon père elle ne voulût plus connaître d'affection; si pure qu'elle pût être, en ce monde. La mienne même ne paraissait pas lui être nécessaire. Elle avait l'air de l'accepter pour me tenir dans l'exercice d'un devoir, mais elle n'attirait aucune démonstration, et je la craignais, bien qu'elle ne m'ait jamais fait l'ombre d'un reproche. Toute sa remontrance, quand j'avais failli, consistait à me prouver que je m'étais nui à moi-même. Ainsi, cette excellente mère, dans la crainte de me gâter par trop de tendresse, travaillait, sans y songer, à me rendre égoïste. C'était peut-être aussi un calcul. En raison du caractère ardent qu'elle devinait en moi, elle voulait me préserver d'une trop grande facilité à m'oublier moi-même et à me sacrifier. Et pourtant elle ne prêchait pas d'exemple, car sa vie entière était un sacrifice en vue de moi seul. Son économie, ses privations, son existence sédentaire, son oubli de toute élégance, n'avaient pour but que de me procurer un peu de bien-être dès que j'en sentirais le besoin. Elle y travaillait, non pas avec l'ardeur que ne comportait pas son organisation, mais avec une ténacité patiente, ne se plaignant jamais de rien, endurant une vitre brisée dans sa chambre et l'absence d'un tapis sous ses pieds sans paraître se souvenir qu'il lui était possible de mieux vivre, et ne laissant que bien peu entrevoir son ambition, qui était de me créer quelques ressources en dehors de nos minces revenus.

Elle parvint à faire ce miracle avec d'autant plus d'intelligence qu'ayant été élevé par elle dans des habitudes matérielles assez rudes, je devais sentir plus vivement le prix d'un peu d'allégement. Je me crus donc immensément riche le jour où elle mit dans mes mains quelques rouleaux d'or en me disant :

— Mon fils, vous voilà en âge de vous former au contact d'un monde moins restreint que celui qui nous entoure. Vous êtes majeur et maître de vos actions. Je n'ai jamais voulu gêner votre liberté ; mais la pauvreté était une grosse entrave dont je vous délivre pour quelque temps. Utilisez votre indépendance en vue de l'avenir. Allez à Paris, ou dans les grandes villes de notre province où nous avons conservé des relations. J'ai écrit à tous les amis de notre famille qu'ils eussent à vous faire bon accueil et à vous diriger dans le choix d'une compagne. Partez, et revenez bientôt me faire part du projet qui vous paraîtra le plus sérieux. J'agirai alors par moi-même et je me déplacerai, s'il le faut, pour travailler à votre bonheur.

Je partis donc dans cette pensée avec une soumission inquiète, et je commençai par voir Paris, vers lequel mon imagination m'avait si souvent emporté.

J'arrivai là aussi provincial que possible. A vingt et un ans, je n'avais pas encore franchi la limite de mon département. J'avais vu très-petite mais très-bonne compagnie, tant chez nous que dans les villes et châteaux voisins, où j'allais rendre les visites que recevait ma mère, laquelle ne sortait pas toujours une fois par an du sauvage ravin de la Roche. D'ailleurs, elle-même avait conservé dans son isolement de si excellentes manières, qu'il ne m'avait pas été difficile de prendre l'aisance polie et la dignité douce de l'ancien bon ton. A cela près, c'est-à-dire sauf l'apparence d'une tranquille expérience du monde, je ne connaissais guère plus le monde qu'un enfant de six ans.

Il en était de même sous le rapport de l'instruction. J'avais été élevé à domicile par un prêtre. J'avais travaillé avec docilité et achevé toutes mes études à peu près aussi vite et aussi bien que n'importe quel bachelier sortant du collége. Je pouvais entendre parler de toute chose sérieuse sans m'y sentir étranger ; mais, toute conclusion vive et franche ayant été écartée à dessein de mon éducation générale, je ne comprenais quoi que ce soit à la philosophie des sciences, des lettres et de l'histoire.

J'allais donc aborder la réalité sans en avoir la moindre notion, et, si j'eusse été l'homme qu'on croyait avoir formé, j'eusse été la victime des préjugés et des erreurs de ma caste, c'est-à-dire que je me fusse tenu en dehors de mon époque, ou que mes déceptions eussent été cruelles. Heureusement pour moi, une vive curiosité intérieure et une habitude de réaction muette contre l'ennui et le froid de mon enseignement m'avaient disposé à tout accepter, à la seule condition que tout fût bien nouveau et bien vivant dans ma vie nouvelle.

J'avais comprimé beaucoup d'élans par crainte de ma mère, dont la tristesse m'accablait comme un joug sacré. Il y avait donc en moi une certaine énergie, mais dont je ne me rendais pas bien compte, et que la plupart du temps je regardais comme un malheur de mon organisation.

— A quoi bon se sentir fort et ardent, me disais-je, quand la raison condamne tout ce qui n'est pas la patience et la soumission? Il est bien certain que j'étouffe, mais c'est apparemment que mes poumons sont trop larges pour le peu d'air que le destin mesure aux aspirations humaines.

Au milieu de tout cela, j'étais peu religieux. Ma mère, irréprochable et pourtant foudroyée par une éternelle douleur, m'apparaissait comme une gratuite cruauté de cette Providence qu'elle invoquait souvent sans avoir l'air d'y croire. La vision d'un monde meilleur auquel elle semblait aspirer, sans que sa vie en parût allégée, me faisait l'effet d'une déception. Enfin tout en moi tendait au matérialisme, et je n'avais réellement qu'un besoin, celui de satisfaire mes passions.

Trois mois de la vie parisienne les apaisèrent jusqu'à la satiété, et, un beau matin, je pris ma tête dans mes mains en me demandant pourquoi j'étais né; si c'était pour m'abrutir avec des compagnons sans cervelle et des filles sans cœur, ou pour retourner m'éteindre lentement dans le même cercueil où ma mère s'était ensevelie vivante. Elle du moins avait vécu; elle avait aimé. Moi, je n'avais connu de l'amour que le rêve, et ce rêve, je travaillais à l'éteindre dans de faux plaisirs. J'étais las de ce mauvais leurre, et, résolu à m'y soustraire, je ne sentais pourtant plus la soif du vrai. Je n'étais déjà plus matérialiste, mais je n'étais encore initié à aucun idéal. Je me sentais donc dégoûté de tout et de moi-même.

Mes ressources tiraient à leur fin, lorsque je reçus de ma mère une nouvelle somme, sans aucune demande d'explication relative à l'emploi de la première. Je fus effrayé de cette munificence, qui représentait pour elle, je ne le savais que trop, une vingtaine d'années de privations. Un remords subit et poignant s'empara de moi. Mes débauches m'apparurent comme une tache sur ma vie.

Je n'avais en aucune façon rempli les intentions de ma pauvre mère. J'avais beaucoup négligé les vieux amis auxquels j'étais recommandé, et qui devaient s'occuper de mon établissement. Je me sentais fort mal disposé au mariage. Un rêve de bonheur ainsi arrêté et discuté à l'avance éloignait de moi toute confiance et toute spontanéité. J'allai faire mes adieux aux personnes sérieuses de ma connaissance, je ne dis mot aux autres, et je partis pour ma province sans aucune autre résolution arrêtée que celle de forcer ma mère à reprendre ses dons et à me laisser attendre auprès d'elle le résultat de mes propres réflexions.

J'étais trop fier pour n'être pas sincère. J'avouai mes fautes sans chercher à les atténuer. Ma mère écouta gravement ma confession; puis elle me dit :

— A votre silence sur la question du mariage, j'avais presque deviné la vérité. Je vous plains, mon fils : mais je vois que cette expérience vous servira. Votre repentir me l'atteste. Prenez le temps de vous calmer et de vous réconcilier avec le possible. Nous penserons ensemble à votre établissement.

J'avais mérité d'expier mes fautes par des privations, il n'en fut rien. Ma mère ne voulut jamais reprendre l'argent que je lui rapportais. Il était mien, disait-elle; elle était ma tutrice et me présentait des comptes sur lesquels je ne voulus point jeter les yeux : mais, la moitié de nos biens provenant de mon père, elle exigea que j'en prisse la gouverne. Je voulus au moins employer ses économies à lui donner un peu de bien-être. Cela fut encore impossible; je dus y renoncer en voyant que je l'affligeais sans la soulager. Ce nouvel état de choses n'allégea point l'ennui qui m'accablait. Je passais trop subitement de la soumission absolue à l'autorité sans bornes. Si ma mère l'avait résolu ainsi pour m'enseigner la prudence et la retenue, son calcul fut bon, car je me sentis plus esclave que jamais en connaissant mieux mes devoirs envers elle. Plus elle s'annihilait devant moi, plus je devais continuer à m'annihiler moi-même. Cette vie sans épanchement mûrit promptement mon caractère, mais je ne saurais dire qu'elle le forma. Je devins sombre, et je sentis fermenter en moi des passions nouvelles, des passions vagues, il est vrai, mais dont les rêves se succédaient sans enchaînement et sans but. Je n'avais plus soif de plaisirs frivoles ou grossiers. Mécontent de moi-même, j'eusse voulu être quelque chose, et je ne me sentais propre qu'à la médiocrité dont j'étais las. Sans fortune et sans talents particuliers, je ne pouvais prétendre à aucune carrière brillante, à aucune influence. Les cinq ou six personnes qui composaient mon empire, à commencer par ma mère, me disaient du matin au soir que j'étais le maître. Le maître de quoi? De commander le dîner, de payer les moissonneurs, de choisir la robe de mon cheval et la race de mes chiens, d'aller à la chasse que je n'aimais pas, à la messe où je ne priais pas, chez des voisins qui ne m'amusaient pas, dans des villes où je n'avais que faire?... Je devins si triste, que ma mère s'en aperçut et s'en étonna.

III

— Mon fils, me dit-elle avec un peu plus d'expansion que de coutume, vous vous ennuyez. L'homme ne peut pas vivre seul. Il faut absolument vous marier.

— Peut-être, lui répondis-je; mais d'abord il faudrait pouvoir aimer, et, dans le petit nombre de jeunes filles que nous connaissons et auxquelles je peux prétendre, il n'en est pas une qui seulement me plaise.

— Retournez à Paris ou allez à Riom, à Clermont, au Puy...

— Non, de grâce, ne me demandez pas cela. Je me sens si peu aimable, que je craindrais d'aimer et de déplaire.

— Eh bien, voyagez, distrayez-vous, et redevenez aimable. N'êtes-vous pas le maître?

— Non, je ne suis pas le maître de mon humeur, je ne sais pas encore me gouverner. J'ai besoin d'aimer, mais il y a en moi une ardeur qui ne saurait pas attendre la femme que je rêve. Je craindrais de faire encore fausse route et de ne chercher que le contraire de l'amour.

— Quelle femme rêvez-vous donc?

— Une créature parfaite, ni plus ni moins! Quelle autre rêve-t-on jamais?

— Mais encore, comment est-elle faite?

— Je ne sais. J'ai connu à Paris des femmes parfaitement belles et parfaitement haïssables. Je n'ose donc penser à la figure que ma femme, à moi, ma femme accomplie, peut et doit avoir.

— Ne parlons pas de sa figure. On est toujours jolie quand on plaît et quand on est aimable. Mais... tenez-vous à la naissance?

— A moins que vous n'y teniez...

— Je n'ai pas d'autre manière de voir que la vôtre. Si une famille d'honnêtes gens vous suffit, je saurai m'en contenter. Mais... tenez-vous à la fortune?

— Je ne tiens qu'à l'aisance. Je n'ai ni le droit d'exiger une femme riche, ni celui d'en choisir une pauvre. Je ne veux pas que mes enfants soient privés de l'éducation que j'ai reçue. Je ne désirerais donc qu'une existence assortie à la mienne, et je n'ai pas l'ambition de souhaiter mieux.

— Pourtant, si vous trouviez une belle dot... Une bourgeoise doit être riche pour épouser un gentilhomme. C'est dans l'ordre et c'est l'usage.

— Qui donc avez-vous en vue?

— Personne... mais avez-vous vu miss Love?

— Qu'est-ce que miss Love?

— Love Butler, la fille de cet anglais un peu maniaque, je crois, qui vient d'acheter Bellevue, à huit lieues d'ici. Il est riche, je le sais. Il n'a que deux enfants, dont une fille, qui s'appelle Love, et qui m'a paru fort bien. Il est, lui, à ce qu'on m'assure, un fort honnête homme et un homme excellent. Je vous ai engagé à leur aller rendre visite, car ils sont venus me voir pendant votre séjour à Paris; vous avez fait la sourde oreille. Depuis six mois que vous êtes de retour, il serait temps...

— Vous croyez, chère mère? Moi, je crois qu'il n'est plus temps.

— Enfin c'est comme vous voudrez, mais il n'en coûte rien d'y songer. Vous y songerez.

J'y songeai, en effet, non pas avec ardeur, mais comme on songe à une planche de salut. Si miss Love était belle et douce, pourquoi non?... Il fallait avant tout la voir. Je partis pour Bellevue dès le lendemain.

Bellevue était, dans mon souvenir, une vaste maison de campagne à peu près abandonnée, dans un site riant et magnifique, entre une gorge profonde où un torrent précipite ses eaux abondantes et limpides et les plaines ondulées de la riche Limagne d'Auvergne. Je retrouvai bien le site, mais je ne reconnus pas la maison. Depuis deux ans que je n'avais pas eu l'occasion de passer par là, on en avait fait un château moderne, vaste, élégant et confortable. Le parc s'était agrandi de l'adjonction d'un ravin et d'un bois voisin rempli de beaux arbres. Des jardins éblouissants de fleurs et découpés à l'anglaise serpentaient sur le flanc du coteau; les eaux courantes, éparses sur la montagne, venaient jaillir dans un ruisseau artificiel qui baignait le pied de la maison et arrosait largement les parterres. Tout cela était disposé avec une grande simplicité, mais avec un grand goût, et tout sentait cette large aisance qui touche à la richesse.

Pour la première fois de ma vie, je me sentis un peu humilié de ma pauvreté, à cause de l'intention qui m'amenait là. Je n'avais pas la vanité de croire qu'en apportant un titre en échange d'une fortune je dusse être accueilli à bras ouverts. Si la jeune fille était charmante, il fallait, pour rétablir l'équilibre, que je fusse charmant moi-même, et, déjà mécontent de ma démarche, je m'en dégoûtai tout à fait au moment de franchir la grille de la cour d'honneur. J'allais donc tourner bride, lorsque je me trouvai en face de deux beaux enfants, une fillette de seize à dix-sept ans et un garçonnet de dix à douze, tous deux montés sur d'excellents poneys bretons, et suivis d'un *gentleman* fort propre, que je pris d'abord, dans mon trouble, pour un domestique, par la seule raison qu'il marchait derrière les jeunes gens.

C'était pourtant M. Butler partant pour la promenade avec sa fille Love et son fils Hope : *Amour*, *Espérance*, c'étaient les noms que sa fantaisie paternelle leur avait donnés.

Cette rencontre inattendue, au moment où je faisais un mouvement très-gauche pour me retirer, acheva de me déconcerter. Les jeunes gens n'y virent qu'une intention de politesse, et se rangèrent pour me laisser passer, échange de courtoisie dont je ne profitai pas. Nous étions là, eux très-étonnés, moi très-incertain, laissant le passage libre sans que personne voulût le franchir, lorsque M. Butler arriva, et vint à ma rencontre avec une figure tranquille, ouverte et souriante.

C'était à moi de parler le premier, de me nommer ou de m'excuser en disant que je m'étais permis de vouloir regarder la façade du château, et je ne parlais pas, sentant que le premier parti m'engageait plus que je n'en avais envie, et que le second rompait grossièrement et sans retour toute relation avec d'honnêtes voisins dont ma mère avait reçu les avances. Mon hôte, trop bien élevé pour me questionner, ne disait mot, et ma situation devenait ridicule. Je jetai un regard effaré sur miss Love; elle souriait sous son voile en regardant de côté son jeune frère, qui riait tout à fait sous cape.

Le dépit délia ma langue; je me nommai, et j'expliquai qu'en voyant mes hôtes partir pour la promenade, j'aurais voulu différer ma visite et me retirer. M. Butler me tendit cordialement la main, me présenta ses deux enfants, et, pour ne pas m'embarrasser, m'engagea à le suivre dans le parc.

— Votre cheval n'a pas chaud, me dit-il, et, d'ailleurs, je vais presque toujours au pas. De cette façon vous ne vous ferez aucun reproche, et j'aurai le plaisir de causer avec vous.

Nous fîmes ainsi une centaine de pas. Les enfants étaient devant nous, et je ne voyais de miss Love que sa taille élégante et mignonne, gracieusement unie à l'allure de son cheval. Sa figure m'avait plu dès le premier coup d'œil, bien que je n'en eusse vu que le bas. Un chapeau rond à plumes, bordé d'une longue dentelle noire, m'avait caché son regard et jusqu'à la couleur de ses yeux.

Son père lui adressa tout à coup quelques mots en anglais; c'était une permission de courir. Prompte à en profiter, elle partit au galop avec son frère et disparut au détour d'une large allée sablée, dont je suivis lentement avec M. Butler les moelleuses sinuosités.

Quand il m'eut parlé de ma mère, sur le compte de laquelle il s'exprimait avec un grand respect, et de mon séjour à Paris, d'où il ne me savait pas revenu depuis si longtemps (et je n'osai le détromper), il m'entretint du pays, de ses productions et de ses agréments. Il s'exprimait en homme de bonne compagnie, parlant le français avec correction et seulement avec un peu d'accent et de lenteur; mais je vis bientôt que sur aucun point il n'avait les idées d'un homme du monde. Il ne se plaignait de rien dans la vie et ne critiquait aucune habitude de vivre, aucune manière de voir. Il semblait n'attacher d'importance à quoi que ce soit, et pourtant il y avait de l'animation dans son esprit. La seule chose qui lui parût sérieusement appréciable, c'était la beauté de la nature et la tranquille liberté de la vie de campagne. Aucun dépit de s'être placé un peu loin d'une ville intéressante et d'un voisinage nombreux ou brillant; aucun regret d'un passé quelconque, aucune impatience d'homme à projets : une sérénité admirable qui n'affectait pas la supériorité, mais qui laissait percer une fierté de bon goût.

Je cherchais le mot de cette satisfaction tolérante de l'existence et de l'humanité, lorsqu'un détail me mit au courant. Il arrêta son cheval au milieu d'une phrase en me demandant pardon, mit pied à terre, ramassa une petite herbe qui l'avait frappé, l'examina un instant, la mit dans la coiffe de son chapeau de paille, et, remontant à cheval, reprit la conversation où il l'avait interrompue.

— Vous vous occupez de botanique ? lui dis-je aussitôt que je pus changer de sujet.

— Un peu, répondit-il modestement. Et vous?

J'aurais pu dire : « Un peu aussi, » mais plus je sentais chez ce riche bourgeois le sentiment d'une véritable dignité, plus la mienne avait besoin de se relever, et, résolu à ne pas me farder devant lui, je répondis carrément :

— J'ai le malheur de ne m'occuper de rien.

— Si vous sentez que c'est un malheur, dit-il après un mouvement de surprise, le remède est facile.

— Pas tant que vous croyez, repris-je. Où je ne suis pas intelligent, où mon éducation n'a pas été intelligente. Il me semble pourtant que j'étais né pour tout aimer, et il se trouve que je ne sais quoi aimer.

Et, comme il restait encore étonné de ma franchise et que je craignais de paraître vouloir parler de moi, j'ajoutai en riant :

— C'est très-amusant, la botanique?

— Mais... oui, répondit-il; tout est fort amusant dès que l'on commence à observer et à comprendre.

Il m'ouvrait la voie. Je me sentis à l'aise pour lui parler de lui-même et le questionner sur des choses où la curiosité est permise. Je découvris qu'il s'occupait avec passion des sciences naturelles et qu'il avait d'importantes collections. Je lui demandai la permission de revenir les voir, comptant mettre six autres mois à renouveler ma visite. Il me prit au mot avec une certaine vivacité; j'avais touché la corde sensible.

— Vous les verrez dès aujourd'hui, s'écria-t-il; ce sera plus intéressant que ma conversation, la nature parle mieux que moi.

Et, comme j'objectais que le moment était venu de me retirer :

— Que parlez-vous de nous quitter ce matin? reprit-il. On ne fait pas une visite à huit lieues de distance sans se reposer et dîner avec les gens que l'on a pris la peine de vouloir connaître. Je sais, d'ailleurs, que c'est l'usage en France, où l'on manque un peu de chemins de fer et de belles routes. Quand j'ai été voir madame votre mère, elle m'a retenu, et j'ai accepté. Vous allez en faire autant.

Il n'y avait pas moyen de refuser.

— Rentrons, dit-il. Je vois que votre cheval a soif, et je ne suis pas un cavalier infatigable. J'ai fait presque le tour du monde à pied... Mais où sont *les enfants*?

— Fort loin, répondis-je en apercevant miss Love et son frère comme deux points noirs au bout d'une immense pente gazonnée.

— Eh bien, nous pouvons les laisser. Ils ont besoin d'exercice... Mais ils me chercheraient... Tenez... Vous êtes jeune et intrépide; en un instant, vous serez là-bas. Ayez l'obligeance d'aller leur dire qu'ils ont encore une heure pour courir. Vous voyez que je vous traite *paternellement*.

J'obéis avec empressement, mais, tout en galopant à travers la clairière, je me sentais bouleversé par cet adverbe dont s'était servi mon hôte : *paternellement!* Qu'est-ce à dire? Est-ce l'habitude d'un homme très-bienveillant que je viens, d'ailleurs, de combler de joie en lui parlant de ses richesses scientifiques? Est-ce la prévenance naïve d'un père qui a une fille à marier? Mais celui-ci a l'air de ne manquer ni de fierté ni de finesse : ce pourrait bien être la malice innocente d'un homme qui a flairé le but de ma démarche.

— Car c'est bien une démarche que j'ai faite dans une intention arrêtée, me disais-je encore. J'aurais beau vouloir me persuader que je me suis avisé à temps de ce qu'il y a de fâcheux à venir se présenter, ignorant et pauvre, à un père de famille riche et savant; cela est, j'ai commis cette faute. Miss Love a le sourire très-malin. Elle s'en amuse peut-être déjà en elle-même, et me voilà condamné à jouer ici le rôle d'un prétendant ridicule éconduit d'avance. Je me justifierai en ne revenant que l'année prochaine... Mais ce sera long, et c'est tout de suite que j'aurais voulu la détromper!

En roulant ces petites amertumes dans ma pensée, pendant que mon cheval roulait comme un tonnerre son galop sonore sur le terrain caverneux de la colline, j'arrivai auprès des deux jeunes gens avec une figure si froide et si hautaine, que je dus paraître tout au plus poli en rendant compte de mon message. J'étais pourtant maître de moi, nullement essoufflé par la course, et satisfait de me montrer du moins aussi bon cavalier que qui que ce soit.

Je vis alors en plein la figure de la jeune Anglaise, car elle avait relevé ses dentelles noires pour me regarder venir, et elle relevait aussi sa petite tête ronde et fine, comme pour se rendre compte d'avance de ce que je venais me permettre de lui dire. Je trouvai son regard aussi froid et aussi sec que le mien. Néanmoins, quand j'eus parlé, elle me remercia avec politesse de la peine que j'avais prise, et me rendit mon salut. Ses beaux yeux noirs étaient adoucis, et le son de sa voix était très-harmonieux. Je sentais pourtant ou je croyais sentir que dès l'abord j'avais réussi à lui être antipathique : mais elle ne riait plus de moi : je n'en demandais pas davantage.

Je retournai vers M. Butler presque aussi vite que j'étais venu. Il s'en allait tout doucement vers le château, perdu dans ses rêveries, car il eut un tressaillement de surprise en me voyant à ses côtés.

— Ah! fit-il en se réveillant, vous voilà déjà? Pardon et merci! Vous leur avez parlé?

— J'ai transmis vos ordres, répondis-je; mais... vous n'avez aucune inquiétude de laisser vos enfants seuls, à cheval, dans ce grand parc?

— Aucune, répondit-il. Ils ont des chevaux sûrs, et ils les manient très-bien. D'ailleurs, quand ma fille est avec son frère, elle est prudente, et il est fort docile à ses avis. Ils s'aiment beaucoup.

J'aurais pu le questionner en ce moment sans qu'il en prît de l'ombrage, car il était évidemment préoccupé; mais je ne voulus rien savoir de sa fille, et nous rentrâmes sans qu'il eût retrouvé sa liberté d'esprit. Qu'avait-il donc? Je le sus au moment où il descendit de cheval. Il avait un brin d'herbe dans son chapeau, un brin d'herbe hétéroclite, qu'il n'avait jamais vu dans cette région et qu'il ne croyait pas devoir y rencontrer. Il s'empressa de le remettre à une espèce de cuistre vêtu de noir et cravaté de blanc qui vint à notre rencontre et qui lui promit d'en tenir note; après quoi, recouvrant sa placidité, M. Butler ordonna à son préparateur, tel était l'emploi de ce personnage, de nous ouvrir les portes du muséum.

L'examen dura au moins deux heures, et encore n'avais-je vu que la moitié de ces richesses botaniques, minéralogiques et zoologiques, quand la cloche du dîner sonna. Nous n'avions pas encore pénétré dans la bibliothèque et dans les laboratoires; l'observatoire eût demandé une journée entière, et enfin l'ouverture de la collection archéologique était réservée pour la semaine suivante, car elle devait jusque-là s'enrichir d'objets nouveaux du plus haut intérêt.

J'étais très-fatigué, non pas d'avoir vu des choses effectivement très-curieuses, et que j'étais loin d'aborder en indifférent; non pas d'avoir écouté les explications concises et intelligentes de M. Butler, entremêlées de récits intéressants de ses voyages, mais de n'avoir pu me soustraire à la figure désagréable et au regard de dédain hébété de son préparateur, M. Junius Black. Il était cependant assez beau garçon, jeune encore et très-propre pour un savant; mais il paraissait me trouver stupide, il souriait de la peine que prenait son patron pour un âne de mon espèce, il ouvrait les armoires, il exhibait les échantillons précieux de l'air d'un homme qui croit semer des perles devant les pourceaux. Enfin il m'était odieux; ce personnage. Son attitude me rendait muet devant les plus belles choses, ou, quand je me sentais obligé de témoigner mon admiration, il ne me venait sur les lèvres que des exclamations absurdes ou des réflexions à contre-sens. Et, puis chaque objet rare étalé devant moi m'éclairait sur la véritable situation de M. Butler. Ce n'était pas seulement un homme un peu riche qui pouvait laisser dormir tant de capitaux dans les chambres de son manoir: c'était un homme extrêmement riche, qui menait un train relativement modeste, et me poser devant lui en aspirant à la main de sa fille, c'était me poser en mendiant effronté.

J'avais une envie folle de m'esquiver à l'instant même, je cherchais à improviser je ne sais quel incident pour me soustraire au dîner; mais mon hôte me prit le bras, et, tout en me parlant des caïmans du Nil, il me fit asseoir entre sa fille et lui, face à face avec l'antipathique M. Black. Le petit Butler, joli garçon à la mine narquoise, était à la droite de son père, et, dans mon trouble, je m'imaginais le voir échanger des regards ironiques avec sa sœur.

Je commençais à peine à me remettre quand la porte s'ouvrit, et je vis entrer M. Louandre, le notaire de ma famille. Je ne songeai pas à me dire qu'il pouvait être aussi celui de la famille Butler, que la coïncidence de sa visite avec la mienne devait être un cas fortuit, qu'enfin il fallait me supposer un malotru provincial au suprême degré pour voir dans ce hasard une préméditation quelconque: je m'imaginai qu'il y avait préméditation réelle de la part du notaire. Sa figure rouge et joviale me fit l'effet de la tête de Méduse, et, au lieu de lui serrer la main comme de coutume, je le saluai si froidement, qu'il en recula de surprise.

Je ne me conduisais pas de manière à éloigner les soupçons; heureusement pour moi, lui seul fut frappé de mon attitude. M. Butler lui fit bon accueil en l'appelant son cher ami, et miss Love fit mettre lestement son couvert, sans que personne lui demandât le but de sa visite.

J'espérai dès lors qu'il était attendu ce jour-là pour quelque affaire à laquelle j'étais complétement étranger, et je commençai à respirer un peu, d'autant plus que, dès l'apparition du dessert, M. Butler, s'adressant à M. Junius Black, lui dit:

— Mon cher ami, vous êtes libre aujourd'hui comme les autres jours.

Black remercia par une inclination de tête, échangea avec miss Love quelques mots en anglais et se retira. On m'expliqua que ce laborieux fonctionnaire de la science n'aimait point à rester longtemps à table et qu'il avait l'habitude de retourner à ses travaux chaque jour à ce moment-là.

Je me sentis soulagé d'un grand poids, et la flânerie du dessert aidant, je pris enfin sur moi-même assez d'empire pour me décider à examiner un peu miss Love.

Elle était remarquablement jolie, quoique d'un type assez singulier. Sa personne offrait des contrastes, et de ces contrastes naissait précisément une harmonie charmante. Elle était plutôt petite que grande, mais elle paraissait grande; cela provenait de la délicatesse de sa face, de l'attitude élancée de son cou, et de la ténuité élégante de ses formes, à la fois rondes et allongées. Elle me rappela certains bronzes antiques, plutôt égyptiens que grecs, qui semblent avoir servi de type à une époque de la statuaire française. Cette structure fine et sans nœuds apparents avait pour résultat une souplesse et une grâce inouïes dans les moindres gestes, dans les plus insignifiantes attitudes. Elle pouvait se passer d'avoir un joli visage. Sa personne seule constituait une beauté de premier ordre.

Bien qu'elle fût mise avec une extrême pudeur, comme il faisait chaud et qu'elle avait un corsage de mousseline et des manches flottantes, je voyais très-bien son buste et ses bras. L'aisance de ses mouvements faisait deviner l'harmonie entière de son être; mais sa figure avait une expression qui ne s'accordait pas avec cette suavité un peu voluptueuse: c'était une physionomie décidée, dont le principal caractère était le courage et la franchise. L'œil était limpide et le regard ferme. Le nez, admirablement délicat, s'attachait d'emblée à un front très-droit, plutôt large qu'élevé, comme si la réflexion et la mémoire y eussent tenu plus de place que l'enthousiasme et l'inspiration. Ses cheveux noirs, courts et frisés, donnaient aussi quelque chose de mâle à cette figure d'enfant résolu, honnête et intelligent. Sa bouche vermeille, garnie de petites dents très-égales et un peu pointues, était adorable de pureté; mais le sourire était incisif, le rire franchement moqueur. En résumé, elle me parut jeune nymphe des pieds au menton, et jeune dieu du menton à la nuque. C'était peut-être ainsi que je m'étais figuré Diane, gazelle par le corps, aigle par la tête.

Elle avait une manière d'être, de parler et de se mouvoir, qui me confirma dans cette appréciation. La voix était harmonieuse, point voilée, forte pour son petit être; un timbre admirable, mais plus fait pour commander que pour flatter. Le geste était à l'avenant. Elle servait à table et touchait aux objets placés près d'elle avec une dextérité sans hésitation: aucune gaucherie possible dans ces petites mains qui semblaient obéir, pour les moindres fonctions, à la pensée rapide et sûre d'elle-même. Elle donnait avec calme et politesse des ordres monosyllabiques, comme une personne qui sait ce qu'elle veut et qui sait se faire comprendre.

— Douce et absolue! pensais-je. C'est un peu comme ma mère; mais il y a ici la grâce et l'animation qui dérangent toute comparaison.

Et, comme je me jugeais parfaitement détaché de tout projet, j'ajoutais en moi-même:

— Si j'ai étudié avec fruit quelques types féminins, et si les théories que j'ai pu me faire ne m'égarent point, cette petite personne mènera son mari, son ménage et ses enfants, par un chemin très-logique, vers l'accomplissement de ses propres volontés. Elle n'en abusera pas, elle ne trompera personne, elle ne se trahira pas elle-même. Esclave de ses principes ou de ses engagements, elle sera honnête et juste, mais personne n'aura d'initiative avec elle, et, si son mari n'est pas un homme médiocre, il souffrira toute sa vie d'être relégué au second plan et consulté seulement pour la forme.

Satisfait d'un jugement que je croyais impartial et désintéressé de tout point, je ne lui adressai pas une seule fois la parole. Je dois dire aussi que son père n'eut pas une seule fois l'idée de nous mettre en rapport; il était lancé dans la politique avec le notaire, et, quand on se leva de table, miss Love disparut avec Hope. Je ne les revis plus, même pour prendre congé.

V

Les adieux de M. Butler furent presque affectueux. Je ne pouvais attribuer la promesse qu'il m'arracha de revenir bientôt qu'à une habitude d'hospitalité bienveillante, car je m'étais senti affreusement maussade, perplexe et inintelligent.

Le notaire demeurant à Brioude, à moitié chemin entre la Roche et Bellevue, nous fîmes route ensemble. J'avais remarqué après dîner, tout en feuilletant un livre de gravures placé sur la table du salon de M. Butler, que celui-ci parlait à voix basse avec M. Louandre dans l'embrasure d'une fenêtre, et il m'avait semblé que leurs regards se portaient sur moi. J'avais donc été le sujet de la conversation, et j'en ressentais beaucoup d'inquiétude. Je questionnai

M. Louandre, qui me répondit avec une franchise un peu brusque :

— Eh ! mais certes, monsieur le comte, nous parlons de vous. N'ai-je pas été chargé par madame votre mère d'abord de me bien renseigner sur la situation ? — et c'est ce que j'avais fait depuis quelque temps, — ensuite de tâter le terrain ? — et c'est ce que je viens de faire.

— Juste ciel ! m'écriai-je, voilà ce que je craignais tant. Quoi ! en ma présence, et dès ma première visite !

— Qu'importe, si je ne vous ai pas nommé ?

— Mais on m'aura deviné tout de suite !

— Tant mieux ! Les choses qui n'ont pas lieu tout de suite n'ont jamais lieu.

— Ainsi vous m'avez engagé, compromis ?

— Nullement, puisque je n'ai fait que vous laisser deviner.

— Et vous veniez exprès pour cela, me sachant là ?

— Je ne vous savais pas là ; mais, comme je venais exprès pour cela, je suis fort aise de vous y avoir trouvé, malgré la grimace que vous m'avez faite. Voyons, mon cher comte, vous ne voulez donc pas vous marier ? vous ne voulez donc pas rendre un peu de joie et de repos à votre pauvre mère ?

— Je n'ai qu'une volonté et qu'un devoir au monde, c'est de rendre ma mère satisfaite de moi. Je consens donc à me marier, mais non à me faire éconduire en rêvant des mariages impossibles ; c'est probablement une expérience désagréable que vous venez de me procurer.

— Eh bien, voilà ce qui vous trompe : votre recherche est agréée.

— En vérité ? La jeune personne a donc quelque tache ou quelque infirmité, pour qu'on la donne à un inconnu sans fortune, qui n'a montré aucun esprit, et qui n'a même pas le mérite de la désirer ?

— Que me dites-vous là ! s'écria le notaire en arrêtant tout à fait son cheval. Êtes-vous en somnambulisme, que vous déraisonnez de la sorte ? Pardon, monsieur le comte, mais je vois bien que nous ne nous entendons pas. Vous croyez M. Butler immensément riche, et vous ne vous trompez guère ; mais sachez que ses enfants n'auront très-probablement que leur héritage maternel, vu qu'il est en train de manger sa fortune, c'est-à-dire de la placer en herbes sèches, en cailloux et en bêtes empaillées, sans compter les expériences scientifiques, qui sont un gouffre sans fond ! Sa femme était créole ; elle a laissé une fortune claire, assurée, à laquelle, en homme d'honneur, il ne touchera jamais, la sienne propre suffisant à ses joies innocentes ; mais cet héritage maternel partagé entre Love et Hope Butler ne présente pas un chiffre exorbitant. C'est une vingtaine de mille francs de rente pour chacun, et, comme vous apportez la considération qui s'attache à un vieux nom, considération qui, au besoin, peut s'évaluer comme une sorte de capital, vous voyez que ce mariage n'aurait rien de disproportionné. En outre, la jeune fille est assez jolie et assez aimable pour que personne ne puisse songer à vous accuser d'ambition. Vous avez l'occasion et la chance pour vous. Nouveau dans le pays, M. Butler ne reçoit encore que peu de personnes, et de loin en loin. Il ne paraît pas disposé à en avoir davantage ; il n'est pas homme à perdre en frivoles conversations le précieux temps qu'il peut consacrer à l'étude. S'il vous a accueilli mieux que la politesse et l'hospitalité ne l'exigeaient, c'est que vous lui avez plu. Vous n'avez donc pas de rivaux pour le moment, ceux qui se sont trop pressés de flairer les écus de sa fille ayant été découragés dès le premier jour. Il est vrai de dire qu'ils ne convenaient sous aucun rapport, et que je n'avais pas voulu me charger de parler pour eux. M. Butler a confiance en moi, et j'ai parlé pour vous, qui êtes un parti convenable. Il ne vous reste qu'à vouloir plaire à miss Love, laquelle n'est pas si aisée à établir que l'on pense, vu la solitude où elle vit encore ici, et qui, grâce aux goûts du père, ne fera peut-être que croître et embellir. J'ai dit ; à présent, êtes-vous tranquillisé ?

— Oui, un peu. Pourtant, comme je ne connais pas assez miss Butler pour savoir si je l'aimerai, je trouve que vous vous êtes trop pressé de faire connaître les prétentions que je puis avoir un jour.

— C'est vous, mon cher comte, qui vous êtes trop pressé d'aller la voir. J'avais promis à madame de la Roche de sonder les dispositions du père. Vous vous trouvez là... Je ne disais rien qui pût vous trahir ; je parlais d'un jeune homme de bonne maison et de bonne mine, ayant de la capacité, un caractère honorable, tout ce que l'on dit enfin en pareille occurrence...

» M. Butler, qui ne m'écoutait que d'une oreille, moitié charmant, moitié extatique, comme il l'est toujours, jette les yeux sur vous, compare mon éloge à vos perfections, et tout à coup me serre le bras en me disant :

» — C'est bien, il me plaît. Il a l'air noble et il est modeste. C'est déjà beaucoup. Je connais sa mère, sa fortune et sa réputation. Sa fortune suffit ; le reste me convient parfaitement. Je consens à le recevoir trois ou quatre fois avant qu'il se déclare, car je veux qu'il apprécie ma fille, ou qu'il y renonce librement s'il ne l'apprécie pas. Je veux aussi que, sans se douter de rien, ma fille puisse le comparer aux autres jeunes gens que nous connaissons, et dont pas un ne lui convient jusqu'ici. Elle me l'a dit nettement, car elle est fort sincère et point du tout coquette. Voilà qui est entendu. S'il plaît à ma fille, et si ma fille lui plaît, nous reparlerons de cela, et nous établirons la condition *sine quâ non*.

— Ah! ah! m'écriai-je, il y a une condition?

— Bien naturelle, et qui se présente tous les jours dans les projets de mariage. Le père ne veut pas se séparer de sa fille. Eh bien, qu'avez-vous? Ceci vous donne à réfléchir? Songez donc que le Butler est assez riche et assez jeune pour vivre encore vingt ans dans une grande aisance, que vous ne dépenserez rien chez lui, que vous y jouirez d'un bel état de maison tout en mettant vos revenus de côté, et que, si vous avez la sagesse de profiter d'une condition si avantageuse, vous pourrez un jour, quand il aura mangé son fonds, racheter sans effort la terre de Bellevue avec des économies et la dot de votre femme. Tout cela est excellent, croyez-le bien. Vous avez là dans les mains une affaire que vous ne retrouverez pas aisément et que je vous conseille de ne pas laisser échapper. Sur ce, je baise les mains de madame votre mère, et je suis votre serviteur.

Nous étions près de la ville. M. Louandre pressa les flancs de sa monture et s'enfonça dans une ruelle qui le menait en droite ligne à son domicile.

Je demeurai accablé de l'aridité du point de vue qu'il me présentait. Je n'étais pas assez niais pour exiger qu'un honnête homme chargé par état du soin des intérêts matériels de la vie me parlât d'autre chose que de ceux qui lui avaient été confiés. Cela ne l'empêchait point d'être un digne époux et un tendre père, et de souhaiter que chacun fût heureux dans son nid; mais il n'avait mission que de choisir l'arbre, et même il était de bon goût qu'il ne s'occupât point de psychologie avec sa clientèle. Je lui savais donc gré de son zèle, mais je voyais, sinon dans le mariage, du moins autour du mariage, des choses si froides, des calculs si répugnants, que le nécessaire et l'inévitable glaçaient en moi le sentiment et l'émotion.

— Hélas! me disais-je, le contrat de l'amour honnête commence donc par être une affaire où il n'y a pas moyen de ne pas prévoir et compter! Me voilà déjà aux prises avec l'argent avant de savoir si mon cœur battra auprès de cette jeune fille! Il m'a fallu, pour que je me crusse permis de penser à elle, savoir le chiffre de sa dot, et maintenant, si en la revoyant je me sens épris, il faudra que je songe à défendre ma liberté, que menace la tendresse exigente de son père! Oh! sur ce point-là, quelque avantage positif que l'on m'assure, je ne céderai pas! Il y a quelque chose d'humiliant à enchaîner son existence à celle d'un autre homme. Une belle-mère ne m'effrayerait pas tant. Il y a toujours de la protection dans les relations d'un homme avec une femme; mais être dans la dépendance de M. Butler, n'avoir pas le droit de mettre à la porte M. Black si bon me semble!... Non, jamais! cette condition *sine quâ non* est un obstacle qui annule toutes les facilités de l'entreprise.

Il faisait presque nuit quand je quittai la route pour m'engager dans les petits chemins de traverse, et l'orage grondait en amoncelant les nuées dans le ciel sombre et lourd, quand je pénétrai dans le sauvage ravin de la Roche. Là, l'obscurité était si complète, que, sans l'instinct du cheval et l'habitude du cavalier, il y eût eu folie à chercher le château dans ces ténèbres. J'étais oppressé, et tout était noir aussi dans mon âme. Je marchais en aveugle dans ma propre vie, conduit par la loi de l'usage et sous le joug du convenu vers un but que je ne comprenais plus, ou que je craignais de trop comprendre.

Ce fut comme un adieu que je jetai au passé, à l'idéal entrevu dans mes beaux rêves de jeunesse. Ma mère, qui était inquiète de me savoir dehors par le mauvais temps, mais qui se garda de m'en rien témoigner, parut très-satisfaite de ce que je lui racontai. Elle trouva que M. Louandre avait eu une heureuse inspiration, que mes scrupules honorables étaient absolument levés par les renseignements obtenus, que je devais poursuivre cette affaire (elle se servit aussi de ce mot-là). Quant à la condition de vivre avec M. Butler, il n'y avait pas lieu de s'en inquiéter.

— Il est bien rare, me dit-elle, que de pareilles conventions ne tombent pas d'elles-mêmes au bout de quelques années de cohabitation. C'est, en général, ceux qui les ont exigées qui s'en lassent les premiers. D'ailleurs, une telle promesse n'engage pas d'une manière absolue. Mille circonstances imprévues, indépendantes de la volonté des deux parties, la rendent nulle et impraticable. Et puis les deux propriétés sont assez voisines pour que votre domicile doive être considéré plutôt comme doublé que comme déplacé. Vous n'accepterez la condition que dans le cas de séjour en France, et de cette manière votre dignité et votre liberté me paraissent sauvegardées convenablement.

Ma mère désirait évidemment ce mariage. Stoïque

pour elle-même et comme détachée de sa propre vie, elle était positive quand il s'agissait de la mienne.

Je m'endormis résigné à mon bonheur. Il me semblait ne voir en miss Love qu'une figure de *keepsake*, mais, chose étrange, je rêvai toute la nuit que j'en étais amoureux fou. Elle m'apparut élégante et hardie en amazone sur son poney à l'œil sauvage, gracieuse et séduisante dans sa robe blanche flottante. Je ne la connaissais pas mieux dans mon rêve d'amour que dans la réalité, je la connaissais même moins bien, car j'oubliais l'expression un peu rigide de sa physionomie; je ne voyais plus que la beauté qui bouleverse les sens et qui énerve la réflexion. Je la possédais, j'étais ivre. Je me croyais heureux.

Je m'éveillai si ému, que la journée me parut mortellement longue. Celle qui suivit fut un véritable supplice, et, pendant que ma mère me parlait des améliorations que la dot de ma femme me permettrait de faire à notre manoir et à notre propriété, je n'entendais pas, je ne voyais rien autour de moi; j'avais des tressaillements étranges, une impatience fiévreuse de revoir la jeune magicienne devant laquelle j'étais resté froid, mais dont le souvenir s'était attaché à moi comme un enchantement et comme un délire.

Le troisième jour enfin, me croyant maître de moi-même, et ma mère m'assurant que l'intervalle entre mes deux visites était convenable, je partis pour Bellevue de très-bonne heure. Je m'arrêtai à Brioude pour déjeuner avec M. Louandre. Je lui rendis compte du jugement de ma mère, je me montrai docile à ses avis, et je ne fis qu'une réserve, une réserve hypocrite : ce fut de prétendre que, pour être tout à fait décidé, il me fallait revoir la jeune personne, et je lui promis de revenir le soir même lui donner mon ultimatum.

VI

Je sortis de Brioude au pas, en homme que la conversation officielle d'un notaire a nécessairement calmé, et qui ne veut pas montrer d'impatience aux curieux d'une petite ville; mais à peine eus-je gagné la traverse, qu'une rage d'arriver s'empara de moi. Je mis les éperons au ventre de mon cheval, et, malgré une chaleur écrasante, je ne ralentis son allure qu'aux approches du château de M. Butler. Là, je me rappelai l'air tranquille et le regard ferme de miss Love, ainsi que toutes mes gaucheries de la première entrevue. Peut-être son père l'avait-il déjà avertie de mes prétentions, peut-être avait-elle déjà prononcé que je lui déplaisais autant que mes devanciers. J'arrivais bouillant et sauvage, j'allais être congédié poliment. La sueur se glaça sur mon front. Je m'aperçus alors de l'état où j'avais mis mon pauvre cheval. Couvert de sang et d'écume, il allait trahir ma folle précipitation, si par malheur je venais à rencontrer, comme la première fois, la famille Butler partant pour la promenade. C'était à peu près la même heure, et ces Anglais devaient avoir des habitudes réglées. Je me hâtai de faire un détour, et très-lentement alors je suivis extérieurement la clôture du parc, afin d'entrer par la grille située à l'extrémité. J'avais ainsi tout le temps de rafraîchir ma monture et de rasseoir mes esprits.

La clôture de ce parc était plutôt fictive que réelle. En beaucoup d'endroits, ce n'était qu'un petit fossé avec une haie naissante, obstacle facile à franchir, marquant une limite, mais ne gênant guère ni la promenade ni la vue. Je m'étais arrêté à l'ombre d'un chêne pour essuyer avec une poignée de fougères les flancs trop émus de mon cheval, lorsque j'entendis un éclat de rire, frais comme la chute d'un ruisseau, et, levant les yeux vers le parc, je vis miss Love assise à quinze pas de moi sur le gazon.

De quoi riait-elle? Elle était seule, elle ne me voyait pas, elle me tournait le dos. Le chemin, plus bas que le parc, me permettait de l'examiner. Le chêne trapu masquait mon cheval, qui se mit à brouter. Je m'assis sur le rebord du fossé, et je regardai à travers le buisson encore grêle, que ma tête ne dépassait point.

Love Butler avait une robe lilas rosé, très-simple, mais d'un goût charmant. Je voyais son buste, un vrai chef-d'œuvre de délicatesse et d'élégance, se dessiner au soleil sur un fond de verdure sombre. Elle avait la tête nue, exposée sans crainte à ce soleil ardent. Son ombrelle blanche était auprès d'elle avec un livre ouvert et un gros bouquet de fleurs sauvages. Elle riait en parlant à un interlocuteur invisible que je devinai au mouvement des branches d'un arbre voisin, et qui bientôt sauta légèrement auprès d'elle. C'était le petit Butler. Il avait été chercher sur le sapin une de ces longues chevelures de mousse vert pâle dont ces arbres se couvrent durant l'hiver comme d'un vêtement contre le froid, et qui, devenues sèches et blanchâtres, tombent peu à peu durant l'été. Je ne sais ce qu'ils voulaient faire de cette plante. Ils parlaient anglais, et j'étais très-mortifié de ne comprendre que peu de mots. Eux aussi s'occupaient-ils de botanique? J'en eus bien peur : une femme savante!...

Mais ils se mirent à effilocher cette mousse, tout en babillant comme deux fauvettes, parfois avec cette exubérance d'intonation qui est propre aux oiseaux et aux enfants en qui la vie déborde, et cette occupation, si c'en était une, dégénéra bientôt en jeu. Hope fit de son paquet une sorte de perruque qu'il jeta sur la tête de sa sœur. Celle-ci se leva aussitôt et se mit à marcher avec une mimique de Tisiphone, des hurlements de louve entrecoupés de bruyants éclats de rire, les bras ouverts, et courant sur son frère, qui se sauva en jouant la frayeur et en riant aussi fort qu'elle.

Quand ils eurent fait ainsi tous deux cinq ou six fois le tour du sapin, ils se laissèrent tomber sur le gazon, et s'y roulèrent en simulant un combat. Si miss Love eût été une coquette raffinée, elle n'eût pas trouvé un meilleur moyen de m'enflammer le sang, car elle était d'une beauté inouïe dans cette manifestation innocente de juvénilité. Elle avait des grâces de jeune chat, des souplesses et des forces de panthère; ses yeux animés brillaient comme des lucioles à travers les herbes.

Mais elle se croyait bien seule avec son frère, car, au bruit que fit le pied de mon cheval en rencontrant une pierre, elle se releva vivement, regarda autour d'elle, et échangea quelques mots avec Hope, qui vint droit sur moi, tandis qu'elle, folâtre et sans soupçon, remit le paquet de mousse sur sa tête et en rabattit les longues mèches sur sa figure, comme un enfant qui se déguise pour n'être pas reconnu, ou qui s'apprête à faire peur aux curieux.

En me jetant un peu de côté, je pouvais échapper au premier regard de sir Hope, mais à coup sûr il eût vu mon cheval, s'il eût fait deux pas de plus. Heureusement, sa sœur riant tout haut de l'expédient qu'elle avait imaginé, il se retourna, trouva l'idée admirable, courut chercher le reste de la mousse pour se masquer aussi, et j'eus le temps de remonter à cheval et de filer jusqu'à un massif du chemin qui me dérobait complétement à la vue. De là, je les entendis crier *hou hou* sur le bord du fossé, regrettant beaucoup sans doute de ne pas trouver un paysan à qui faire peur. Puis les éclats de rire recommencèrent en s'éloignant, et je crus pouvoir continuer ma route sans être observé: mais, comme j'arrivais à la porte au fond du parc, je me rencontrai face à face avec le pâle et flegmatique Junius Black. J'étais apparemment mieux disposé, car je ne lui trouvai pas une mauvaise figure. Il m'aborda très-poliment, et, comme il paraissait désireux de lier conversation, je mis pied à terre. Mon cheval, qui m'était très-attaché, me suivit comme un chien, et je descendis avec le savant à gages la longue allée sinueuse qui ramenait au château.

M. Black ne montra aucun étonnement de me voir arriver par là. Il savait pourtant bien que ce n'était pas du tout mon chemin, mais je n'eus pas la peine de chercher un mensonge; il paraissait ou très-indifférent à la circonstance, ou très au courant de mes prétentions mal déguisées. Ce qui me confirma dans cette dernière supposition, c'est qu'il me parla le premier de la famille Butler en homme qui n'est pas fâché de sonder pour son compte ou pour celui des autres les dispositions du futur. Ceci me parut le fait d'un cuistre; cependant, comme je ne demandais qu'à voir clair dans ma situation, je ne le lui fis pas sentir et me tins sans affectation sur la réserve, tout en cherchant à le faire parler.

Il était fort lourd, pensait à bâtons rompus et se permettait d'être encore plus distrait que son patron. De plus, il était asthmatique et crachait souvent. Il disait sur les sujets qui m'intéressaient le plus vivement les choses les plus insignifiantes. M. Butler était le plus doux et le meilleur des hommes; miss Love était parfaitement bien élevée; Hope avait un *heureux naturel* et beaucoup de dispositions *pour tout*. La maison était bien tenue, les collections aussi (grâce sans doute à M. Black). On était heureux dans cette famille; on n'y manquait de rien; on n'y recevait que des personnes honorables, et j'en *grossissais le nombre*. Chacune de ces importantes révélations était accompagnée d'un *est-ce que vous ne trouvez pas?* qui semblait dire: « Êtes-vous digne de toutes ces félicités dont je vous fais la peinture éloquente? » Et moi, j'épuisais une à une toutes les formules d'adhésion banale que pouvait me suggérer ma diplomatie.

Tout à coup, en coupant un sentier qui devait nous abréger le chemin, je me retrouvai à la place où j'avais vu folâtrer les jeunes gens. L'herbe était encore foulée, les flocons de mousse épars sur le bord du fossé. J'en ramassai une poignée, que je mis dans ma poche, à la satisfaction de M. Black, qui me crut botaniste.

— Lichen filamenteux! s'écria-t-il d'un ton protecteur.

Mais il se baissa aussi, et je le vis ramasser au pied de l'arbre le livre oublié par miss Love. Comme il le tenait tout ouvert, j'y jetai les yeux, et je vis rapidement que c'était un ouvrage en latin. Il me revint un soupçon que je ne pus contenir.

— Est-ce que miss Butler lit cet ouvrage? demandai-je étourdiment à mon compagnon.

— Ce livre est à moi, répondit-il brièvement. Je l'avais prêté à sir Hope.

Et il le mit avec peine dans la poche de son habit noir, qu'il déchira plutôt que de me laisser voir la couverture du bouquin; du moins je m'imaginai qu'il en était ainsi. Puis, comme s'il eût été pris d'un remords de conscience, il ajouta :

— Ce n'est pas que miss Butler manque d'instruction au moins! elle en a beaucoup pour une femme... Elle dessine très-bien... C'est elle qui a dessiné toutes les planches du dernier ouvrage de son père sur l'archéologie... car M. Butler est, je vous le jure, un homme surprenant, universel! Il m'étonne tous les jours par l'étendue et la variété de ses connaissances. Moi, j'avoue franchement qu'il y a des choses auxquelles je n'entends rien.

— Vous m'étonnez beaucoup! répondis-je sans qu'il s'aperçût de l'ironie.

M. Butler était enfermé dans son cabinet quand je me présentai au salon, mais j'y trouvai miss Love, qui le fit avertir, et s'assit comme pour me tenir compagnie en attendant. Hope suivit M. Black, qui avait une leçon à lui donner. Je me trouvai seul avec elle.

— Je vois, lui dis-je, que je suis très-indiscret et très-importun de me présenter dans une maison où l'on s'occupe sérieusement, sans m'être informé de l'heure où je ne dérangerais personne.

— Vous ne dérangez personne, répondit-elle, puisqu'on vous reçoit avec plaisir.

Elle fit cette réponse avec une bonhomie candide, en se regardant à la glace et en rabattant sur son front, sans aucune coquetterie, ses cheveux ébouriffés, où pendillaient encore quelques brins de mousse.

— C'est un véritable enfant! pensai-je en la regardant s'éplucher tranquillement, comme si elle ne pouvait pas supposer que je fisse attention à elle. Pourquoi ne la traiterais-je pas comme il convient à son âge et à l'innocence de ses pensées?

J'eus envie de lui montrer le lichen que j'avais ramassé, et de lui demander en riant si elle voulait bien encore essayer de me faire peur, mais je n'osai pas. Il y avait en elle je ne sais quoi de grave quand même, bien au-dessus de son âge, et aussi je ne sais quel charme émouvant qui m'empêchait de voir en elle autre chose qu'une femme adorable avec laquelle on ne peut pas jouer sans perdre la tête.

— Madame votre mère se porte bien? dit-elle en prenant un métier à dentelle dont, en un instant, ses petits doigts firent claquer et sautiller les bobines avec une rapidité que l'œil ne pouvait suivre.

— Ma mère se porte bien pour une personne qui se porte toujours mal.

— Ah! mon Dieu! c'est vrai qu'elle paraît bien délicate; mais vous l'aimez beaucoup, à ce que l'on dit, et vous la soignez bien! Je ne l'ai vue qu'une fois. Elle a été très-bonne pour mon frère et pour moi. Elle nous a montré tout le château, qui est bien curieux et bien intéressant. Si j'avais osé, je lui aurais demandé la permission de dessiner des détails qui intéressent mon père, mais j'ai craint qu'elle ne nous prît pour des marchands de bric-à-brac.

— Si vous daigniez revenir, ma mère serait bien heureuse de vous voir prendre quelques moments de plaisir chez elle.

— Eh bien, nous y retournerons sans doute quelque jour, et j'emporterai mes crayons.

— Il paraît que vous avez un grand talent?

— Moi? Oh! pas du tout, par exemple! Je n'ai été élevée qu'à faire des choses utiles, c'est-à-dire fort peu agréables.

— Pourtant vous faites de la dentelle, et vous paraissez très-habile.

— Oui, comme une vraie paysanne. J'ai appris cela d'une de nos servantes : par là, je suis devenue la cent trente mille et unième ouvrière du département, mais ce que je fais, c'est encore pour mon père, qui est curieux de toutes les antiquailles. J'exécute un ancien point du temps de Charles VII, dont nous avons retrouvé le dessin dans de vieilles paperasses. Voyez, c'est très-curieux, n'est-ce pas?

— C'est très-beau : mais voyez comme je suis ignorant! Je ne me doutais pas que la fabrication du point fût si ancienne dans ma province.

— Eh bien, si vous eussiez vécu dans ce temps-là, vous auriez commandé des garnitures de dentelles pour orner la housse et le gorgerin de votre cheval. C'était la mode, et ce pouvait être joli. Je trouve que rien n'est trop beau pour ces animaux-là, moi; j'adore les chevaux. Vous en avez un très-gentil. Sa figure me plaît beaucoup.

— Peut-être plus que celle de son maître, pensai-je en remarquant l'aisance et la liberté d'esprit avec laquelle cette belle enfant me parlait.

VII

Cependant M. Butler ne venait pas, et sa fille n'en témoignait ni surprise ni impatience. Le fait est que, plongé dans quelque problème, ou voulant terminer quelque partie d'un travail commencé, il avait complétement oublié que je l'attendais, mais, ne sachant point encore combien cet excellent homme était capable de négliger pour la science ses intérêts les plus chers et ses préoccupations les plus sacrées, je m'imaginai qu'il me laissait à dessein en tête-à-tête avec sa fille, afin que nous pussions nous connaître et nous juger l'un l'autre.

Enhardi par cette supposition, je m'efforçai de réparer mes bizarreries de la première entrevue et de redevenir un peu moi-même, c'est-à-dire un garçon aussi facile à vivre et aussi expansif que tout autre. La glace ne fut pas difficile à rompre, car je trouvai chez miss Love une bienveillance égale à celle que son père m'avait témoignée. Soit que ce fût une disposition naturelle de son caractère, soit qu'elle devinât l'intérêt particulier que je lui portais, au bout d'un quart d'heure nous causions comme si nous nous connaissions depuis longtemps. Elle avait ou elle montrait plus de gaieté que d'esprit, aucune amertume dans son enjouement, et le mépris de tout paradoxe, chose assez rare chez une jeune fille instruite.

Je n'eus pas le mauvais goût de lui laisser deviner mes sentiments pour elle, mais, en me livrant sur tout le reste à un certain épanchement de cœur, je l'amenai à la faire parler d'elle-même.

— Moi, dit-elle, sauf un grand chagrin qui m'a frappée quand je n'avais encore que dix ans, je veux parler de la mort de ma pauvre mère, j'ai toujours été heureuse. Vous ne vous figurez pas comme mon père est bon et comme on vit tranquille et libre avec lui. Hope est un amour d'enfant, et, quand je dis un enfant, c'est parce qu'il est plus jeune que moi, car je vous assure qu'il a autant de raison et de bon sens qu'un homme fait. Il ne me chagrine que par un côté de son humeur : c'est qu'il aime trop le travail et que, si on le laissait faire, il se tuerait. Aussi, je le fais jouer et courir tant que je peux, et je dois dire que, quand il y est, il en prend autant qu'un autre ; mais il faut que je pense toujours à cela et que je ne m'endorme pas là-dessus, car les médecins disent que, s'il était abandonné à lui-même, il n'en aurait pas pour longtemps.

— Et si vous le perdiez,... vous seriez inconsolable?

— Je ne sais pas bien ce que veut dire ce mot-là : inconsolable ; j'ai perdu ma mère, et j'ai pourtant pris le dessus... Mais, au fait, votre mot est juste ; je vis, je m'occupe, et je suis gaie comme tout le monde ; pourtant, quand je pense à elle,... non, je ne suis pas consolée pour cela, et vous avez raison : ce serait la même chose, si je perdais mon frère.

Et elle essuya du revers de la main deux grosses larmes qui roulèrent sur ses joues sans qu'elle songeât ni à les cacher ni à les montrer.

— Mais, comme votre père et votre frère vous restent, vous avez du courage?

— Et du bonheur, c'est vrai. Si je perdais mon cher Hope, j'aurais encore mon père... Après celui-là,... je crois bien que je n'aurais plus aucun plaisir à vivre.

— D'après l'ordre de la nature, vous devez pourtant prévoir ce dernier malheur, mais dans ce temps-là vous aurez d'autres affections...

— Oh! les affections à venir, je ne les connais pas, je ne m'en fais aucune idée, et je ne peux m'appuyer d'avance sur quelque chose qui n'existe pas.

Cela fut dit très-naturellement et sans aucune intention apparente de m'avertir. Je n'en fus donc pas frappé et découragé comme je l'eusse été trois jours auparavant. Je n'y vis pas non plus l'aveu d'un cœur trop rempli pour accepter un avenir quelconque en dehors du présent. J'étais gagné et porté à la confiance par la simplicité et la bonhomie des paroles, de l'attitude et de la physionomie. Je sentais là une personne vraie jusqu'au fond de l'âme, raisonnable et sensible, modeste et dévouée. Je ne me trompais pas, telle était en effet miss Love : aussi mon exaltation se calmait auprès d'elle, et j'éprouvais, en l'écoutant parler, le charme de l'amitié plutôt que le trouble de l'amour.

Son père vint au bout d'une heure, me fit bon accueil et me retint à dîner. Je ne surpris, quelque attention que je fisse, aucun regard d'intelligence échangé entre Love et lui, et je reconnus à leur tranquillité que miss Love n'avait été réellement avertie de rien, tandis que M. Butler attendait avec un grand calme qu'elle lui parlât de moi la première.

Personne n'était plus aimable et plus sociable que mon futur beau-père. Rien d'un pédant ; une naïveté exquise avec une véritable intelligence, un adorable caractère, un grand respect des autres, un charme rare dans les relations, les sentiments les plus purs et les plus nobles, tel était M. Butler. On peut dire que jusque-là sa fille, qui lui ressemblait beaucoup par le visage, était un véritable et fidèle reflet de ses inappréciables qualités. Mais M. Butler avait pour défaut l'extension de ses qualités mêmes : sa longanimité ou son optimisme allait jusqu'à la nonchalance dans les questions positives du bonheur domestique et social. Aucun événement ne l'inquiétait jamais. Il ne voulait ou ne savait rien prévoir. Du moins il ne le voulait pas à temps, et, ne sachant pas suspendre ses chers travaux scientifiques, ou s'abandonnant aux douces contemplations de la nature, il laissait aller la vie autour de lui sans en prendre le gouvernail.

En rapprochant mes observations des informations

fournies par mon notaire, je vis, dès ce jour-là, que M. Butler n'aurait aucune initiative dans les résolutions que sa fille pourrait prendre à mon égard, qu'il jugeait le bonheur en ménage chose simple et facile, qu'il professait une foi absolue dans le jugement et la pénétration de miss Love, enfin qu'il s'en remettrait aveuglément à elle pour le choix d'un époux, et que c'était d'elle-même et d'elle seule que je pouvais espérer de l'obtenir.

Dès lors, je me sentis plus tranquille. Cet homme, sans volonté pour tout ce qui n'était pas la science, ne pouvait pas songer à enchaîner ma vie à la sienne, et je n'aurais probablement point à discuter le plus ou moins de liberté que je conserverais en vivant sous son toit. Je ne prévis pas un instant que Love pût avoir un autre sentiment que moi-même, si j'arrivais à me faire aimer d'elle.

C'est à quoi, dès lors, tendirent tous mes vœux et toutes mes pensées. Je l'aimais, moi, et je puisais dans la sincérité de mes sentiments la confiance de me faire comprendre. Malheureusement, les conditions du mariage dans les classes aristocratiques sont détestables en France, surtout en province. Les demoiselles y sont gardées comme des amorces mystérieuses qu'il n'est permis de connaître que lorsqu'il est trop tard pour se raviser. On craint de les compromettre en leur laissant la liberté d'examen. Le commérage bas et méchant, que l'on ne craint pas d'appeler l'opinion (calomniant ainsi l'opinion des honnêtes gens), s'empare avidement des commentaires que peut faire naître un mariage manqué, et c'est toujours en cherchant à avilir les intentions et à rabaisser les caractères que l'on explique une rupture, quelle qu'en soit la cause.

Il ne me fut donc pas permis de voir miss Love plus de trois fois avant de me déclarer à son père. Dès lors mon honneur était engagé, et je ne pouvais plus rompre que pour des raisons majeures. Or, on n'appelle pas raisons majeures les découvertes ou les réflexions que l'on peut faire sur l'incompatibilité des caractères et des goûts. Il est bien vrai que, si je n'eusse pas décliné mes intentions, M. Butler n'eût peut-être pas eu l'énergie de me fermer sa porte, miss Love, ne sachant rien, n'eût pas songé à l'avertir. D'ailleurs, ni l'un ni l'autre ne paraissaient se soucier des usages de la province, mais, moi, je ne pouvais pas m'y soustraire, je ne pouvais pas compromettre la femme à laquelle je devais donner mon nom.

— J'agrée votre demande, me répondit M. Butler, mais je ne puis encore vous dire si ma fille l'agréera. Si je lui demande comment elle vous trouve, elle me répondra qu'elle vous connaît trop peu pour vous juger. Revenez donc plusieurs fois encore, je vous le permets, et parlez-lui vous-même, j'y consens. Ne la pressez pas trop de dire oui ou non; elle réfléchira, je la connais. Tout ce que je peux vous dire dès aujourd'hui, c'est que vous ne lui êtes pas antipathique, car elle ne vous fuit pas et cause volontiers avec vous, tandis qu'à première vue elle s'est prononcée contre d'autres aspirants.

J'allai chercher miss Love dans le salon, dans le jardin, dans le parc; elle n'était nulle part, et cependant personne ne l'avait vue sortir. Je la trouvai enfin dans la bibliothèque, lisant avec son frère. Comme c'était ma quatrième visite en huit jours, elle parut très-surprise et même un peu inquiète. Elle se leva assez vivement, repoussa les livres et les cahiers qui l'entouraient, et m'offrit de me conduire auprès de son père. En apprenant que je venais de le voir, et que c'était lui qui m'envoyait vers elle, elle devint pâle, et je remarquai qu'elle avait pleuré.

— Je vois à votre air, lui dis-je, que je vous dérange, et que je suis le malvenu. Chassez-moi franchement, je ne reviendrai jamais. Je ne suis pas né importun.

Elle me regarda en face un instant, sans rien dire; puis, comprenant tout et prenant résolûment son parti, elle fit un signe à Hope, qui se retira, mais non pas sans me jeter un regard froid et méfiant qui me mit la mort dans l'âme. Ce visage d'enfant précoce avait l'énergie de mon âge et la naïveté du sien.

Il n'était plus question de me consulter moi-même. Je venais pour parler à miss Love; je parlai.

— Je ne vous demande rien, lui dis-je, que de me souffrir auprès de vous assez longtemps pour être à même d'apprécier mes sentiments et de m'accorder votre estime.

— J'ai donc votre estime, moi, reprit-elle avec beaucoup de hauteur, et je vous inspire donc des sentiments quelconques? Je ne le croyais pas, puisque vous ne me connaissez pas plus que je ne vous connais.

— Il faut croire, repris-je avec une hauteur analogue à la sienne, que ce peu de temps avait suffi pour faire naître mes sentiments et ma confiance, puisque je vous rendais un hommage aussi sérieux que celui d'aspirer à votre main. Si vous ne le croyez pas, c'est que vous me supposez je ne sais quelles vues intéressées qui m'offensent, et dès lors...

Je me levais pour m'en aller. Elle me retint avec une sorte d'autorité.

— Pas si vite, dit-elle avec un sang-froid où il entrait de la bienveillance; je ne veux pas que vous puissiez croire que je vous méprise. Si vous me faites l'honneur de vouloir m'épouser, c'est évidemment que vous m'estimez. J'ai donc eu tort de vous parler comme je l'ai fait. Pardonnez-le-moi. Je ne suis pas moi-même aujourd'hui. Voyez, monsieur, et gardez-moi le secret. J'ai un grand chagrin!

Là-dessus, perdant tout empire sur elle-même, elle fondit en larmes, et, me tendant sa main, qu'elle laissa dans la mienne tout en pleurant :

— Mon père, dit-elle, est un peu souffrant depuis quelque temps, et souffrant tout à fait depuis quelques jours. Il s'est décidé ce matin à appeler le médecin, et le médecin, après l'avoir examiné, m'a dit :

» — Exigez qu'il se soigne. Il y va de la vie! C'est une maladie du foie qui se déclare.

» Eh bien, je sais, moi, que, si j'obtiens que mon père se soigne, ce sera un miracle, et je sais que sa mère est morte de cette maladie. Je suis sous le coup de cette chose affreuse, et vous me parlez d'une chose qu'on appelle le bonheur!... Je ne sais pas, moi, si le mariage me rendrait heureuse dans ces conditions-là. Vous êtes heureux, vous! pourquoi épouseriez-vous mes chagrins?... Et puis!... Attendez, ajouta-t-elle en suspendant la réponse sur mes lèvres, il y a une condition à mon mariage, une condition que vous n'accepteriez pas. Je ne dois jamais quitter mon père ni mon frère. Je l'ai juré à ma mère mourante, et plus que jamais je tiens à mon serment. Voilà, mon cher monsieur, ce que vous comprenez de reste, vous qui aimez votre mère; voilà ce que je devais, ce que j'ai voulu vous dire avant de vous laisser parler. »

Mon cher monsieur fut dit avec une si franche cordialité, que j'en fus particulièrement touché. La sensibilité, la bonté de cœur de cette jeune fille, étaient réelles et persuasives. Je serrai ses mains dans les miennes, en prenant part à sa douleur, en m'efforçant de la tranquilliser sur le compte de son père, en lui disant que l'amour filial faisait des miracles, et qu'elle ne devait pas douter de la Providence; enfin je lui jurai de souscrire, si elle daignait m'agréer, à la condition qu'elle m'imposait.

VIII

Dès lors j'avais fait un grand pas.

— Tout ce que vous me dites là est bon et me paraît sincère, répondit-elle, et je vous dirai franchement que, depuis ce matin, je suis résolue à me marier. C'est la première fois que j'en comprends la nécessité. Jusqu'à présent, je croyais qu'il valait mieux rester heureuse comme je l'étais que de courir des risques, mais l'idée de perdre mon père et de me trouver, à l'âge où je suis, l'unique soutien de mon frère, m'a fait peur. J'ai réfléchi tout en pleurant; je crois que mon devoir est de chercher un appui pour nous deux, et même j'en ai senti le besoin. Ne me demandez rien de plus aujourd'hui. Je ne peux pas savoir si vous serez pour moi ce soutien-là. Vous vous offrez, c'est généreux, et je vous en remercie; mais, comme vous avez aussi le devoir de soigner votre mère souffrante, j'ignore si je dois accepter. Permettez-moi d'y réfléchir et de vous connaître davantage. Revenez souvent, puisque mon père vous y autorise.

— C'est mon vœu le plus cher que de vous voir tous les jours, mais, dans l'incertitude où vous êtes, ne craignez-vous pas ce que l'on pourra dire et penser de mes visites?

— Pour moi... cela m'est égal. Je n'y songe pas. Que voulez-vous qu'on dise?

— Que vous m'avez donné des encouragements.

— Eh bien, après? Vous voyez, je vous en donne; pas beaucoup, il est vrai, mais un peu, et quel mal y a-t-il, puisque tous deux nous sommes sincères? Ah! j'y songe : si je vous dis non après que vos visites auront fait connaître vos intentions aux personnes de votre monde et dans votre voisinage, votre amour-propre souffrira. Que voulez-vous que je vous dise? Alors ne pensez plus à moi et ne revenez pas.

— Vous en parlez à votre aise, vous à qui cela serait parfaitement égal!

— Je ne dis pas cela. Je penserai peut-être que j'ai passé à côté de mon bonheur; cependant, comme je n'en serai pas absolument sûre, j'aimerai mieux cela que de vous avoir trompé en vous donnant des espérances à la légère.

Le bon sens de miss Love en toutes choses était sans réplique, et, si sa tranquillité était un peu choquante, du moins sa droiture inspirait une confiance très-précieuse. Résolu à ne point renoncer à elle, j'acceptai telles épreuves qu'il lui plairait de m'imposer.

Je la quittai ce jour-là en me disant qu'après tout je n'étais pas assez amoureux d'elle pour que son refus dût me mettre au désespoir. Il en fut de même à nos entrevues de la semaine suivante. Chaque fois que je la quittais, je me sentais plein d'amitié et de sympathie pour elle; sa raison et sa droiture éteignaient le feu qui me consumait dans l'intervalle de mes visites.

C'était là un phénomène des plus étranges. A mesure que je m'éloignais de Bellevue, et que, perdant le souvenir trop distinct de ses paroles et de son attitude vis-à-vis de moi, je me retraçais son image, sa beauté, sa grâce, sa jeunesse, et jusqu'à sa toilette et au parfum de ses cheveux et de ses rubans, j'étais repris d'une sorte de fièvre qui m'ôtait le sommeil, et qui arrivait à son paroxysme au moment où je partais pour retourner chez elle. J'arrivais ému jusqu'à la passion, et peu à peu, en causant avec elle, je me calmais jusqu'à l'amitié. Il n'en était pas ainsi lorsque je pouvais l'apercevoir et l'observer sans qu'elle fît attention à moi. Alors je la dévorais des yeux, et mon imagination la dévorait de caresses: mais il suffisait de son regard honnête et ferme, arrivant tout droit sur le mien, pour ramener mon âme à un respect voisin de la crainte.

Je n'étais guère capable d'analyser de tels contrastes et de résoudre un tel problème. Si je m'en étonnais souvent, du moins je ne m'en alarmais pas. Chacune des deux faces si distinctes de mon sentiment faisait, d'ailleurs, des progrès rapides. Mes agitations loin d'elle arrivaient à me consumer. Mon apaisement à ses côtés devenait de jour en jour plus profond et plus suave. L'amour et l'amitié grandissaient sans hésitation et sans défaillance, mais, chose bizarre! sans se confondre jamais dans une perception nette de mon propre cœur.

Notre intimité faisait des progrès analogues. Chaque jour, aussitôt que je pouvais lui parler sans témoins:

— Eh bien, lui disais-je en lui prenant la main, commencez-vous à m'aimer un peu?

— Oui, un peu, répondait-elle avec un mélancolique sourire.

— Aujourd'hui un peu plus qu'hier?

— Peut-être; il me semble...

Et elle me parlait de nos parents. La santé de son père la préoccupait sans relâche. Dix fois par jour, elle me quittait pour aller le trouver. Elle revenait triste, en me disant:

— Je le dérange, je l'ennuie. Il est si bon, qu'il ne me rebute jamais! Il fait tout ce que le médecin a ordonné, mais je vois bien qu'il ne peut pas me faire un plus grand sacrifice.

Malgré de si tendres soins, M. Butler fut tout à coup très-malade, et cette circonstance, qui devait m'empêcher de voir Love, au moins pendant quelques jours, nous rapprocha intimement. Je m'installai avec résolution au chevet du malade. Je ne le quittai ni jour ni nuit. Je le soignai comme si j'eusse été son fils. Peu m'importait de brûler mes vaisseaux en pure perte. Je l'aimais pour lui-même, cet homme excellent, plein de résignation dans la souffrance et de gratitude pour le dévouement que je lui montrais. D'ailleurs, je ne pouvais pas, je ne voulais pas abandonner Love dans cette douleur, dans cet effroi mortel. Elle ne pensa point non plus que ma présence pût la compromettre. Elle n'y songea seulement pas; elle me laissa veiller auprès d'elle.

Une nuit que M. Butler avait reposé avec calme, je m'endormis dans la chambre voisine de la sienne. J'étais accablé de fatigue, et j'avais recouvré un peu d'espoir. Quand j'ouvris les yeux, je vis devant moi Love, qui me tendait ses deux mains.

— J'ai une bonne nouvelle à vous annoncer, me dit-elle à voix basse.

Elle passa son bras sous le mien, et continua en m'emmenant vers le salon:

— Vous me disiez hier au soir que vous *lui* trouviez le teint plus clair et les yeux moins cernés. Vous aviez bien raison; j'avais tort de ne pas vous croire. Il est sauvé, voyez-vous, cela est bien certain. Le médecin est très, très-content! vous allez le voir, il vous dira ce qu'il m'a dit: mon père, s'il continue son traitement, sera remis, dans quelques semaines tout au plus, pour longtemps à coup sûr, et peut-être pour toujours.

Nous entrions dans le salon, le médecin n'y était pas. Nous nous trouvions seuls, Love et moi. Je vis dans la glace sa figure tout illuminée par l'espérance, et son corsage souple et charmant penché vers moi comme si, respirant enfin après tant d'angoisses, elle eût éprouvé le besoin de s'appuyer sur mon épaule. Pour la première fois, les deux sentiments qui se partageaient mon âme se confondirent. Je la serrai dans mes bras avec transport, et je couvris de baisers sa tête brune, que j'avais attirée sur mon cœur. Je me rendis compte seulement alors de la délicatesse de son être, de sa véritable taille, qui paraissait élevée, et qui était petite, enfin de la ténuité ravissante de cette adorable créature, dont j'avais eu si souvent peur comme s'il y avait eu en elle quelque chose de mâle et de puissant. Je sentais naître en moi une émotion qui réunissait la passion à la sympathie, une ivresse secrète comme l'instinct de la possession de l'âme, un doux orgueil protecteur de la faiblesse confiante, une sensation délicieuse qui me prenait au cœur en même temps qu'à l'imagination; c'était enfin la tendresse.

Mon effusion avait été si involontaire et si spontanée, que je craignis tout aussitôt d'avoir effrayé ou offensé miss Love. Elle ne parut qu'étonnée, mais comme si son amour filial eût parlé plus haut que sa pudeur, elle ne repoussa pas mon élan. Elle se laissa glisser de mes bras dans un fauteuil, et, attachant sur moi ses yeux humides d'une émotion sereine et profonde :

— Ah ! je vois bien, dit-elle, que vous m'aimez, puisque vous êtes si heureux de voir que Dieu me rend mon père !

— Et moi, m'écriai-je en tombant à ses pieds, m'aimerez-vous enfin ?

— Je vous aime comme un frère, répondit-elle en me jetant ses deux bras au cou avec une chasteté angélique : c'est vous dire que je vous aime de toute mon âme !

J'étais si transporté du baiser, que je ne scrutai pas la parole. Nous pleurâmes ensemble, et je me crus heureux, je me crus aimé. Je ne fis pas de réflexions. Je ne comparai point cette affection avec celle que je ressentais; je ne me dis pas qu'il n'y avait point de comparaison possible, et que l'amitié n'est pas la passion.

Hope entrait en ce moment. Sa sœur courut à lui.

— Viens, lui dit-elle; apprends que notre père est hors de danger, et embrasse celui qui nous a aidés à le sauver.

L'enfant, au lieu de m'embrasser, me secoua la main d'une manière tout anglaise; sa figure exprimait la joie la plus cordiale, mais cet éclair fut de peu de durée. Avant la fin du jour, il reprit avec moi sa réserve et sa froideur accoutumées. Je me persuadais que c'était là sa manière d'être avec tout le monde, qu'il ne faisait d'exception que pour son père et sa sœur, et qu'il avait dans le caractère une certaine roideur conciliable avec des sympathies particulières, enfin que je gagnerais bientôt sa confiance et son attachement.

Je voulus passer encore cette nuit auprès de M. Butler ; après quoi, m'étant bien assuré qu'il entrait en convalescence, je dus, en raison des convenances, retourner auprès de ma mère pour deux ou trois jours. Les convenances sont toujours funestes au sentiment. Si je fusse resté à Bellevue, j'aurais peut-être conquis le cœur que je n'avais fait que surprendre.

Je trouvai à la Roche une espèce de réunion de famille. On s'étonnait de mon absence, et ma mère avait beau dire que, M. Butler étant gravement malade, j'avais le droit d'aller tous les jours chez lui : on savait déjà que j'y avais passé plusieurs nuits, et on s'inquiétait de cette assiduité.

— C'est donc un mariage arrêté, décidé, à la veille d'être conclu? D'où vient que nous l'apprenons par la clameur publique? Mais, comme vous ne nous en avez pas prévenus, comme vous ne nous en faites point part, nous craignons que ce ne soit une folie du jeune homme, une sottise de la demoiselle. Est-elle d'assez bonne maison pour épouser un de la Roche? Le père a-t-il réellement la fortune qu'on lui prête?

Ma pauvre mère, obsédée de ces questions indiscrètes et un peu impérieuses de la part de certaines tantes collet-monté, m'attendait avec impatience, et me vit arriver avec joie.

— Le voilà ! dit-elle; il va résoudre tous les doutes.

Je me croyais déjà marié, puisque je me voyais aimé d'une fille de cœur et de parole. Après avoir annoncé l'amélioration de la santé de M. Butler, je répondis aux questions relatives à sa fille : que j'aimais la fille et le père de toute mon âme, et que, ma mère m'ayant poussé aux premières démarches, je n'avais pas à m'expliquer sur d'autres convenances que sur celles du cœur et de l'honneur. Je tins seulement à ne pas laisser croire qu'une grande fortune m'eût alléché. Je rendis compte en deux mots de la situation de la famille, et ma mère se chargea d'affirmer qu'elle avait consacré six mois à prendre des informations sur l'honorabilité de M. Butler avant de me confier son projet. Les renseignements étaient parfaits. M. Butler appartenait à la classe moyenne, il n'y avait pas l'ombre d'une tache sur son nom; au contraire, il était estimé comme le plus généreux et le plus désintéressé des savants.

Il n'y avait rien à répliquer, bien que la satisfaction ne fût pas générale. Mes tantes trouvaient qu'il n'y avait point assez de naissance pour tant de fortune. Un grand-oncle, chanoine sécularisé, encore plus avare que pauvre, me dit à l'oreille qu'il n'y avait pas assez de fortune pour si peu de naissance.

Cette journée m'attrista. Il me tardait de me retrouver seul avec ma mère. Quand je lui eus raconté tous les incidents de la maladie de M. Butler et ceux de mon rapide tête-à-tête avec Love, elle m'attrista encore plus en ne partageant pas ma confiance.

— Je suis fâchée, me dit-elle, que vous ayez annoncé officiellement ce mariage. Il n'est pas fait. Je ne me tourmentais pas de voir un père désireux de ne pas quitter sa fille; je crains les exigences bien naturelles, mais peut-être excessives un jour, de cette fille, qui ne veut pas et qui ne pourra peut-être pas quitter son père. Quand vous vous êtes engagé, avez-vous fait au moins la réserve de rester en France, si bon vous semblait?

Je n'y avais pas songé, et j'en fis l'aveu. Ma mère baissa les yeux. Elle était blessée et affligée de mon imprudence, mais elle ne dit pas un mot, et, comme de coutume, je me sentis livré à moi-même. Je n'osai pas lui parler de la froideur du jeune Butler, mais l'effroi me revint au cœur, et avec l'effroi toutes les angoisses, toutes les ardeurs d'une passion contrariée.

IX

Je sentais aussi une sorte de remords d'avoir compromis Love par trop de dévouement. J'avais eu beau prendre, pour aller chez elle, tous les chemins détournés à moi connus, être libéral sans affectation avec les valets de sa maison, rentrer chez moi à la nuit et ne plus jamais passer par la ville : on m'avait rencontré dans des endroits impossibles, les domestiques avaient parlé, et, au moment où ma famille s'était émue, quelques officieux se préparaient de leur côté à avertir M. Butler de l'imprudence de ma conduite et de la sienne propre.

En attendant que le malade fût assez hors de danger pour entendre des choses désagréables, on s'agitait autour de M. Louandre. Mes concurrents éconduits, mes rivaux en expectative et surtout les oisifs de province, qui glosent pour le plaisir de gloser, assassinaient de questions le pauvre notaire, et lui donnaient à entendre les choses les plus infâmes. Les plus charitables voulaient bien admettre que je n'avais pas cherché à séduire une enfant auprès du lit où son père se débattait entre la vie et la mort, mais ils disaient en souriant que je n'avais été ni timide ni malavisé de m'emparer du rôle de garde-malade pour me rendre maître de la situation, c'est-à-dire de l'honneur et de la dot. M. Louandre, confident des affaires de M. Butler, ne pouvait crier sur les toits ce qu'il m'avait confié de l'avenir de ses enfants. Love passait pour une riche héritière, et moi pour un âpre et adroit ambitieux.

Ainsi tout ce qui m'avait averti et effrayé dès le premier jour se levait déjà pour m'accabler. Il est vrai que j'avais maintenant dans l'âme toutes les forces de l'amour pour me préserver de la mauvaise honte et mépriser la malveillance : mais, si cet amour n'était pas partagé, il me faudrait donc rester avec ma douleur sous le coup d'une humiliation sans dédommagement.

Telles furent les clartés importunes qui se montrèrent, lorsque, deux jours après mon départ de Bellevue, j'y retournai avec une amère impatience. Je trouvai M. Louandre seul au salon, attendant qu'on eût attelé son cheval.

— Vous avez été un peu vite, me dit l'excellent notaire. Le malade est sauvé, vos soins y ont contribué certainement ; sa fille et lui-même le disent et vous bénissent. Tous trois cependant vous êtes blâmés par les sots qui vous envient. Peu importe, si vous réussissez, mais il faut réussir promptement et officiellement. Vos parents vont déjà disant partout que c'est une affaire faite, et que vous l'annoncez. Je venais donc ici avec la certitude que M. Butler me l'annoncerait, à moi : eh bien, il m'a parlé de vous avec affection, sans pourtant me dire un mot de mariage, et voilà ce qui m'étonne. Il est encore si faible, que je n'ai pas voulu le questionner, mais j'imagine bien que vous aviez sa parole avant de passer trois nuits à son chevet?

— J'avais son assentiment, je vous l'ai dit.

— Oui, mais vous ne m'avez pas dit que sa fille vous eût donné le sien. Vous l'a-t-elle donné?

J'éprouvai encore une fois combien les préliminaires et les négociations du mariage sont choses indélicates et cruelles. Il me fallait donc, pour justifier mon amour, trahir celui de Love, raconter les circonstances de son premier baiser, les livrer aux commentaires d'un tiers, enfin effeuiller brutalement la première fleur de mon espérance !...

Et, d'ailleurs, une terreur soudaine s'emparait de moi... Était-ce bien un baiser d'amour que j'avais reçu? Et si ce n'était qu'une effusion de reconnaissance naïve, un enthousiasme fraternel né de l'adoration filiale?... Au fait, elle ne m'avait pas dit, elle ne m'avait pas prouvé autre chose! J'allais donc trahir la sainte confiance d'une âme pure et me vanter, comme un sot et comme un lâche, au risque de compromettre l'honneur de celle que, comme frère ou comme fiancé, j'avais le devoir de défendre !

Je baissai la tête et ne répondis rien.

— Diable, diable! reprit M. Louandre, vous n'êtes pas si avancé que je croyais, et je crains, mon cher comte, que vous n'ayez fait un coup de tête en vous livrant à votre cœur.

— Avez-vous quelque raison de croire ce que vous dites? Expliquez-vous.

— Je me suis expliqué en vous disant que le père ne s'expliquait point. Et puis il y a une autre circonstance... une misère, si vous voulez... Tenez, ajouta-t-il en dirigeant mes regards vers le parterre, où le petit Hope se promenait, les mains derrière le dos et la tête penchée en avant ; voyez l'attitude mélancolique ou méditative de cet enfant! Tout à l'heure il était là, parlant et souriant avec moi comme tout autre individu de son âge. Tout à coup il a regardé là-bas, du côté de la grille, et il vous a vu arriver. Alors, prenant sa casquette de l'air d'un homme fier et dépité, il m'a dit :

» — Pardon! voilà une visite qui n'est pas pour moi.

» Et il est sorti pour ne pas vous voir, sans s'expliquer autrement : mais, plus je médite en moi-même sur ces étranges paroles, moins je les interprète en votre faveur, et je les livre à vos propres commentaires.

— Cet enfant ne m'aime pas, m'écriai-je, je le vois, je le sens! Peut-être quelque valet lui aura-t-il fait entendre que ma présence compromettait sa sœur, ou que je ne voyais en elle que la grande fortune à laquelle ces enfants croient sans doute. Ah! mon cher monsieur Louandre, j'avais prévu tout cela, souvenez-vous! Que ne donnerais-je pas aujourd'hui pour ne pas aimer comme j'ai le malheur d'aimer!

— Vous voilà donc pris à ce point-là? Diable! moi, je crains que le valet qui a indisposé le petit bonhomme contre vous ne soit ce grand cuistre de Black. Avez-vous remarqué qu'il vous vit d'un mauvais œil?

— Le premier jour, oui! Quand je vous dis que je n'ai vu clair que ce jour-là!

— Allons, allons, reprit M. Louandre, puisque c'est moi qui vous ai lancé sur la mer orageuse, bien que je ne sois pas responsable des étourderies que vous avez commises de votre chef et sans me consulter, je vais essayer de vous mener au port sans naufrage. Je reste. Je parlerai à M. Butler, à miss Love, au petit, au pédant, s'il le faut. Je saurai où vous en êtes dans leur esprit, et j'amènerai peut-être une décision favorable. Allez-vous-en saluer votre malade, et tâchez que sa fille le quitte un peu pour que je me trouve seul avec elle. Je l'attendrai dans la bibliothèque.

Je montai à l'appartement de M. Butler sans rencontrer personne. La maison était un peu à l'abandon depuis que l'active et douce châtelaine était absorbée par des soins plus pressants. Dans l'antichambre de M. Butler, deux domestiques dormaient profondément. Malgré l'été, on avait jeté partout des tapis sur les parquets, pour que le bruit des pas autour de lui ne troublât pas le léger sommeil du convalescent. La porte de sa chambre était grande ouverte. A travers les rideaux fermés, un jour bleuâtre tombait sur les cheveux noirs de Love et sur le pâle visage de son père. Elle était assise tout près de lui et lisait à demi-voix, essayant plutôt de l'endormir par la monotonie de son intonation que de le distraire ou de l'occuper. J'étais dans la chambre, ils ne me voyaient pas, ils ne m'avaient entendu entrer ni l'un ni l'autre.

J'avoue que j'éprouvais une sorte de curiosité inquiète de savoir ce que Love lisait si couramment. Cette inquiétude répondait sourdement à de vagues appréhensions déjà conçues ou plutôt effleurées. J'écoutai, et il me fallut quelques instants pour me rendre compte de la langue qu'elle lisait, car elle la prononçait à la manière anglaise, et, tout en voyant bien que ce n'était pas de l'anglais, j'hésitais à m'y retrouver, mais, au bout de deux phrases, le doute n'était plus possible : elle lisait du grec avec autant de facilité et d'habitude que sa propre langue.

Du grec! une fille de seize ans! Je me sentis devenir Chrysale de la tête aux pieds. Puis tout aussitôt je plaignis Love.

— Ah! mon Dieu! pensai-je, ce père, ingénument personnel, l'a élevée pour ses besoins, à lui, bien plus que pour son bonheur, à elle! La pauvre enfant est si modeste, que personne ne se doute de son savoir. Elle n'a pas eu le choix de ce qu'on lui a fait apprendre; elle est docile, intelligente, humble, voilà tout. Ce grec l'ennuie, elle ne le comprend peut-être pas : elle sait les caractères et la prononciation, ce qu'il faut seulement pour faire une lecture à demi-voix.

Mais M. Butler s'agita un peu, et dit en grec à sa fille :

— C'est assez, repose-toi.

A quoi elle répondit en grec :

— Je ne suis pas fatiguée, mais je lirai encore plus bas. N'écoutez pas; tâchez de vous endormir.

Ce n'était pas le moment de réveiller les esprits du malade en me présentant. Je sortis aussi doucement que j'étais entré, convaincu enfin que Love savait le grec.

— Qu'importe après tout? me disais-je; mais pourquoi me l'a-t-elle caché?

Je passai sans bruit dans la bibliothèque, où attendait M. Louandre, et qui était située au même étage que la chambre à coucher. Le bon notaire, qui s'ennuyait, s'était assis devant une grande table et feuilletait des cahiers épars, laissés en désordre depuis le jour où M. Butler avait été pris d'un évanouissement au milieu de son travail. M. Louandre sourit en me voyant.

— Je ne commets pas d'indiscrétion, dit-il en me montrant les cahiers et les notes. Je me souviens fort mal de mon latin, et j'ai tout à fait oublié mon grec. Quant aux autres sciences, sauf celle des lois, je m'en suis toujours privé. Mais savez-vous ce que j'admire? C'est de trouver l'écriture de mademoiselle Butler dans tout cela.

— Vous la connaissez donc, son écriture?

— Sans doute : elle est le secrétaire de son père, qui est illisible, et c'est elle qui m'écrit toujours pour lui. Eh bien, je découvre,... au reste, je m'en étais toujours douté, qu'elle sait le latin, le grec, les mathématiques, et je ne sais combien d'autres choses encore, ni plus ni moins, que dis-je! beaucoup mieux peut-être que l'illustre Junius Black. Ma foi! mon cher comte, vous aurez là, si Dieu nous exauce, une femme dont Molière ne se serait pas moqué, car elle cache ses talents avec autant de soin que ses pécronnelles savantes en mettaient à exhiber les leurs. Je vous en ferai mon compliment, moi, en toute humilité; mais savez-vous ce que je me dis? car il faut toujours redescendre de l'abstrait au concret : je me dis qu'une telle fille est trop nécessaire, trop indispensable à un tel père pour qu'il soit jamais possible de les séparer. Donc, vous n'y devez jamais songer, et vous êtes bien [illegible], n'est-ce pas, à ne pas mettre votre volonté entre ces deux attractions invincibles?

— Oui, répondis-je, je le savais, je le sais encore mieux maintenant. La santé, le travail, la passion, le bonheur de ce pauvre père, seront anéantis le jour où sa fille lui manquera. Eh bien, soit! s'il faut quelque jour quitter la France, je la quitterai je suivrai Love au bout du monde, si M. Butler veut aller vivre au bout du monde. Ma mère en souffrira beaucoup, je le sais aussi maintenant, mais elle souffrirait davantage de me voir à toute heure seul et désespéré devant elle. Le sort en est jeté, que voulez-vous! Je ne pouvais pas me flatter de trouver pour moi tout seul en ce monde le bonheur sans nuage et le soleil sans ombre. Faites que j'obtienne le cœur et la main de cette généreuse fille. Si elle m'aime, je serai encore à envier, car je l'aime, moi, entendez-vous? Ignorante ou docte, faible ou forte, ouvrière en dentelle ou en géométrie, elle est le type qui me plaît et me domine; elle est la femme qui me fait rêver à toute heure, sans laquelle ma tête s'égare et mon âme me quitte. Plus d'objections, mon cher ami! agissez... ou plutôt non, n'agissez pas! donnez-lui le temps de voir combien je l'aime et à quel point elle peut compter sur moi. Laissez dire les envieux, laissez-moi conduire ma barque moi-même. Tenez, allez-vous-en! j'ai peur que mon empressement ne lui paraisse brutal. Est-ce qu'elle peut penser à autre chose qu'à son père d'ici à huit ou dix jours?

— Permettez, permettez! reprit M. Louandre; je ne tiens pas tant à conclure ce mariage qu'à mériter la confiance de M. Butler et celle de votre mère, qui tous deux m'ont chargé de ce qu'ils ont de plus cher au monde après leurs enfants, à savoir leur honneur, leur dignité respective. Je veux bien m'en aller, mais à la condition que vous vous en irez avec moi, car votre présence, trop fréquente et trop prolongée ici, compromet mademoiselle Butler et vous-même, vos parents et les siens par conséquent, et moi-même pardessus le marché.

— Vous avez raison, répondis-je, partons! J'ai fait mon devoir en venant m'informer de la santé du malade. J'écrirai à miss Love pour lui dire que j'attends ses ordres, et je ne reviendrai que quand elle m'y aura autorisé.

— Enfin vous parlez d'or, dit le bon Louandre en se levant; partons!

X

Mais il était écrit que les choses se passeraient autrement. M. Butler s'était endormi; on avait prévenu miss Love de mon arrivée : elle s'était fait remplacer par son frère auprès du convalescent; elle venait à nous; elle saluait M. Louandre, qui avait déjà pris congé d'elle une demi-heure auparavant; elle me tendait la main avec un affectueux et radieux sourire.

— Il va de mieux en mieux, me dit-elle parlant toujours de l'objet de son unique préoccupation.

Et, s'asseyant entre nous deux, elle causa avec ce charmant naturel et cette généreuse expansion qui ne l'abandonnaient plus quand j'étais auprès d'elle. M. Louandre fut frappé de cette confiance animée qu'il ne lui avait jamais vu manifester si ouvertement, et, prenant tout à coup confiance lui-même dans ma cause, jugeant comme moi que j'étais aimé, il plaida pour mon bonheur.

M. Louandre était un homme positif, d'un esprit ordinaire, mais d'une si grande honnêteté de cœur, que rien n'était [illegible] dans sa bouche. Il parla, cette fois surtout, avec une rare élévation, un remarquable bon sens, et je vis que Love l'écoutait avec une déférence presque respectueuse. Je l'aurais souhaitée plus attendrie par l'amour que convaincue par le raisonnement; mais elle écoutait sans interrompre, elle donnait des signes d'adhésion, et j'attendais une réponse favorable et décisive.

Elle se recueillit un moment avant de répondre; enfin elle répondit :

— Je suis une enfant, et pourtant mon père a en moi une confiance entière. Il m'a remis le soin de choisir moi-même mon mari. D'abord cette idée-là m'a effrayée. A présent, j'en ai pris mon parti, surtout depuis que je connais M. de la Roche, et que je me suis assurée que son cœur est bon et que ses idées sont nobles. C'est donc lui que je choisis dès à présent, à l'exclusion de tout autre, puisqu'il aime mon père et que mon père l'aime aussi : mais je fais une réserve, c'est qu'il m'attendra six mois. Ce n'est pas avant six mois que je peux consentir à me marier.

— Six mois, c'est trop long, s'écria M. Louandre. Il passe trop d'eau sous le pont pendant six mois : j'entends par là les intrigues, les indiscrétions, les mensonges, les jalousies du dehors. Vous ne savez pas, chère enfant, toutes les mouches avides et venimeuses qui bourdonnent autour des fruits mûrs. Or, un mariage arrêté est un fruit mûr qu'il faut cueillir avant qu'il tombe. Disons trois mois, et même moins, s'il est possible.

— Eh bien, reprit-elle, ne disons rien que ceci : mon père a besoin de moi pour finir un ouvrage qui le passionne ; je suis son secrétaire, et personne ne peut me remplacer...

— Parce que vous êtes aussi savante que lui ! Nous savons cela, s'écria M. Louandre un peu à l'étourdie.

— Où prenez-vous cela ? répondit Love en jetant un regard inquiet sur les papiers du bureau et en rougissant beaucoup, avec une physionomie contrariée. Je ne sais qu'écrire sous sa dictée, mais il a une telle habitude de s'adresser à moi, que d'ici à longtemps il ne pourra rien faire avec un autre.

— Bah ! bah ! n'a-t-il pas l'illustre Junius, qui en sait long aussi, à ce qu'il paraît ?

— L'illustre Junius, répondit Love en souriant, sait beaucoup trop de choses ; il veut discuter avec mon père et lui imposer ses vues transcendantes. Mon père est modeste et doux, il cède, mais il s'en repent ensuite, car M. Black a des idées étroites, et le travail est à recommencer. Et puis cela jette mon père dans des incertitudes qui lui font mal. C'est un libre esprit, un génie hardi et ingénieux à qui l'on doit laisser ses défauts et ses qualités. Mon attention passive est tout ce qu'il lui faut. Hope serait tout aussi attentif et dévoué que moi, mais il travaille assez pour son compte, et sa santé délicate ne résisterait pas à un surcroît d'application. Souffrez donc que j'appartienne à mon père exclusivement jusqu'à ce que l'ouvrage soit fini. Il y a fort peu de chose à faire, et, si mon père était bien portant, je serais libre dans peu de semaines : mais pouvons-nous fixer le jour où il sera capable de reprendre ses occupations ? Ne devons-nous pas souhaiter, pour notre tranquillité future, qu'il les reprenne le plus tard possible ? Je vous avertis, moi, que je ferai tous mes efforts pour qu'il ait une convalescence tranquille et paresseuse, et je suis sûre, ajouta-t-elle en se tournant vers moi avec candeur, que vous m'y aiderez de tout votre pouvoir.

Je ne pouvais résister à l'aimable ascendant de Love, et rien ne me semblait difficile quand elle invoquait la délicatesse de mon affection. Je lui rendis grâces de sa confiance en moi, et j'acceptai l'arrangement qu'elle proposait, à savoir que nous nous marierions aussitôt que l'ouvrage serait sous presse.

— Diable ! est-ce un *in-folio* ? demanda M. Louandre.

— Non, non, répondit Love, ce n'est qu'une mince brochure.

J'allai saluer M. Butler à son réveil. Il me tendit ses bras affaiblis et me serra sur son cœur.

— Vous avez été un ange pour moi, me dit-il. Vous avez consolé et soutenu mes pauvres enfants, effrayés et navrés de ma souffrance. Je vous bénis comme un père bénit son fils.

J'étais profondément attendri et heureux, mais j'eus tout à coup un sentiment d'épouvante en voyant Hope, dont je cherchais les regards, me tourner le dos avec affectation et sortir de la chambre. Love en parut frappée, et elle le suivit en me disant :

— Restez là jusqu'à ce que je revienne.

Elle revint bientôt, mais très-pâle, et, quand elle put me parler sans témoin :

— Je ne sais ce qu'il a, cet enfant, me dit-elle ; il me boude et refuse de s'expliquer. Je ne l'ai jamais vu ainsi : je crains qu'il ne soit malade, bien qu'il dise ne souffrir de rien.

— Il ne vous a pas parlé de moi ?

— Non ! Que s'est-il donc passé entre vous ?

— Rien, sinon qu'il me témoigne de la froideur, et que je crois deviner en lui de l'aversion. C'est à vous de tâcher de savoir ce en quoi j'ai pu lui déplaire, afin que je m'en corrige ou m'en abstienne. Je sens bien que vous l'aimez ardemment, et qu'il faut que je sois aimé de lui ! N'est-ce pas, il le faut ?

— Oui, certes, il le faut absolument ! Revenez bientôt. Je l'aurai confessé, et je vous dirai tout.

Je partis avec M. Louandre.

— Je ne suis pas si tranquille que vous, me dit le notaire à plusieurs reprises en cheminant à mes côtés.

Hélas ! je n'étais pas tranquille du tout.

Le lendemain, je reçus la lettre suivante :

« Ne revenez ni demain ni après-demain. Il faut, auparavant, que j'aie raison des idées de ce cher et cruel enfant. Imaginez-vous qu'il n'a rien contre vous ;

il vous estime et vous aimerait peut-être, si vous ne songiez pas à m'épouser. Voilà ce qu'il dit, et il n'écoute rien de ce que je lui réponds. Il est absorbé, pâle, sans appétit, et, je le crains, sans sommeil. Enfin il est jaloux de moi, voilà ce que je suis obligée de constater. Il ne veut pas que je me marie. Ne vous inquiétez pas trop de cela; il est si jeune, et, d'ailleurs, si bon et si raisonnable! Laissez passer quelques jours. Quand il sera bien portant, je le persuaderai, j'en réponds : il m'a toujours cédé après un peu de résistance, et ce n'est pas à dix ou onze ans que l'on a une volonté inébranlable. Mon père s'est levé aujourd'hui. Déjà il pense à travailler. Je l'en empêche. Présentez mes tendres respects à madame votre mère, et plaignez-moi un peu du chagrin que je vous cause.

» LOVE BUTLER. »

Je passai une journée terrible. Les plus sinistres pressentiments m'assiégeaient : il me semblait que je ne devais plus revoir Love, que tout était fini entre nous.

Peu à peu je me calmai : sa lettre était si bonne, si confiante! Je la montrai à ma mère, qui me rassura.

— Une personne si juste et si loyale, me dit-elle, ne cédera pas à l'injustice d'un enfant, et l'injustice d'un enfant est un caprice qui passe. Faites ce qu'elle vous dit : n'allez chez elle ni demain ni après-demain; le jour suivant, nous irons ensemble. M. Butler n'ayant pu me rendre votre visite, sa maladie m'autorise à lui faire la mienne.

— Non, lui répondis-je, c'est bien assez que vous soyez compromise en ma personne. Je crains cet enfant, qui n'est pas un enfant comme les autres.

— C'est possible, mais sa sœur vous aime; elle ne craint pas de se compromettre en vous écrivant. Je vois dans cette infraction aux convenances l'élan d'une belle âme. C'est à nous de lutter avec elle contre les obstacles de son intérieur, et de lui bien dire que nous ne doutons pas d'elle. Nous irons la voir, vous dis-je, nous irons dans deux ou trois jours.

Ma mère pensait engager encore plus la parole de Love par cette démarche, mais les événements la lui interdirent. Le médecin de M. Butler arriva au moment où nous nous disposions à partir pour Bellevue. Il venait, de la part de M. Butler et de sa fille, nous dire que Hope avait une fièvre nerveuse assez inquiétante, et il était chargé de nous en apprendre confidentiellement la cause. L'enfant, voyant que sa sœur allait se marier, était tombé dans une sorte de désespoir. Cela était fort injuste, fort blâmable à coup sûr, le père comptait l'en reprendre, la sœur espérait pouvoir passer outre, mais avant tout il fallait guérir le petit malade, lui épargner tout sujet de chagrin, paraître céder à sa fantaisie. Donc, je ne devais point songer à retourner à Bellevue avant huit jours. Jusque-là, le médecin promettait de m'envoyer fréquemment un bulletin de sa santé.

— Vous voyez, dis-je à ma mère quand il fut parti. Tout est perdu! Cet enfant mourra si elle lui résiste, et, comme elle l'adore, elle lui sacrifiera tout.

Ma mère, avec ses habitudes d'esprit, son caractère morne et son âme désolée pour son propre compte, avait fait jusque-là de grands efforts pour me paraître tranquille et pour me soutenir. Elle était au bout de son initiative. Elle baissa la tête, et je vis rouler des larmes dans ses yeux fixes.

Je sentis alors pour la première fois sa peine passer dans mon cœur et se fondre avec la mienne. N'ayant pas assez connu mon père pour le pleurer, je n'avais jamais bien compris les larmes intarissables de ma mère. L'amour m'était toujours apparu comme une passion que l'âge doit éteindre, mais, depuis que j'avais senti la tendresse s'éveiller en moi, depuis que j'avais savouré auprès de Love la douceur des relations intimes, le charme de la confiance mutuelle, et caressé le rêve de l'amitié sainte, unie aux ardeurs de la jeunesse, je pouvais comprendre la jeunesse brisée de ma mère, le vide de son cœur, et l'horreur de la froide solitude où elle se consumait.

— Pardonnez-moi d'aggraver et de raviver vos peines, lui-dis-je en me mettant à ses genoux. Vous vouliez me donner du courage, et je refusais d'en avoir. Eh bien, c'était lâche. J'en aurai, je vous le promets. J'aurai même de l'espérance. Rien n'est perdu, et les craintes dont je vous afflige ne méritaient peut-être pas que je vous en aie entretenu. Attendons!

J'affectai dès lors une confiance et une patience que je n'avais pas. J'ignore si ma mère s'y trompa. Elle joua peut-être le même rôle que moi en me cachant ses anxiétés et ses désespérances.

XI

Je comptais les heures du jour et de la nuit avec une impatience découragée. J'allais à la chasse et je ne voyais pas seulement lever le gibier. J'inventais des buts de promenade où je ne me rendais pas, des affaires dont je n'avais nul souci. Je ne pouvais rester en place. Je fuyais mes amis et mes connaissances.

Leurs questions me mettaient au supplice. Pourtant tout le monde savait déjà la vérité. Love n'en avait pas fait mystère. Loyale et brave, elle avait dit aux personnes qui venaient s'informer de l'état de son père et de son frère, et qui lui laissaient voir leur curiosité sur mon compte, qu'elle m'avait donné sa parole, mais qu'elle ne savait plus quand elle pourrait la tenir. Et elle racontait ingénument l'opposition bizarre et maladive de Hope à tout projet de ce genre. Elle parlait de moi avec une vive reconnaissance, une grande sympathie, une franchise qui paralysait la raillerie et confondait la malveillance. Elle avait mille fois raison, et rien ne lui semblait plus facile que de dire ce qu'elle pensait, puisque la vérité était la chose la plus honnête et la plus droite qu'elle eût pu inventer.

Tout cela m'était rapporté par M. Louandre et par M. Rogers, le médecin anglais que la famille Butler avait mandé de Paris, et qui m'avait pris en amitié. Il m'écrivait de temps en temps; mais il me rassurait sur les sentiments de ma fiancée sans me rassurer sur la santé de son frère, et M. Louandre me disait, au contraire, que la maladie de l'enfant était légère, tandis que la faiblesse de sa sœur pour lui était une chose grave.

Je ne savais donc plus que penser. Love ne m'écrivait plus. Deux semaines s'étaient écoulées sans que l'on pût couper les accès de fièvre de Hope, et sans qu'il eût été possible de rien tenter pour le faire revenir de sa fantaisie. M. Louandre résumait ainsi la situation :

— Certes, *elle* vous aime, même beaucoup. Elle est charmante quand elle parle de vous; mais elle dit trop tranquillement tout le bien qu'elle en pense. Votre nom ne la fait pas rougir. Elle a une manière de vous aimer qui fera votre bonheur si vous l'épousez, mais qui ne vaincra pas les obstacles à votre mariage, s'il s'en présente de sérieux. Ne l'aimez donc pas si follement; apaisez-vous!

— Ah! taisez-vous, lui répondais-je avec amertume; je ne pense que trop comme vous! Elle aime trop sa famille pour aimer un nouveau venu. Elle est adorable, mais elle n'a pas d'amour pour moi. Et moi, je le vois de reste, mais je l'adore! Ne me dites plus rien d'elle. Laissez-moi attendre et souffrir.

Devant ma mère, j'affectais la confiance et la gaieté. Seul, j'étais en proie aux furies. J'accusais Love, j'essayais à me détacher d'elle, et, chose horrible à penser, il y avait des moments où je me surprenais à désirer la mort de son frère; mais ce monstrueux souhait ne me soulageait pas. Je sentais bien que, si je devenais la cause de cette mort, Love ne pourrait jamais se décider à me revoir.

Au bout de cette mortelle quinzaine, j'appris par un indifférent que le jeune Butler était mieux, et qu'on l'avait vu se promener en voiture du côté de la Chaise-Dieu. N'y tenant plus et me sentant devenir fou, je partis à tout hasard pour Bellevue.

— Peut-être s'est-on trompé, me disais-je. Si Hope était guéri, ne me l'eût-on pas fait savoir? S'il ne l'est pas, s'il garde encore le lit, je pourrai au moins dire à Love quelques mots dans une autre pièce. D'ailleurs, je verrai M. Butler; il est réellement guéri, lui, il s'expliquera. Si je ne peux parler ni à l'un ni à l'autre, j'apercevrai peut-être ma fiancée. Je connais maintenant la maison; je saurai me glisser dans tous les coins. Et, quand même je resterais dehors, quand même je ne verrais que la lumière des croisées, il me semble que cela me rendrait un peu de calme pour attendre, ou de force pour accepter mon destin.

Au point où nous en étions, ma visite ne pouvait plus compromettre personne. J'avais bu résolûment la petite honte de mon amour contrarié et de mon avenir remis en question. Je ne sacrifiais plus rien à la vanité. Quant à Love, elle avait conquis par sa franchise l'estime et le respect de tous les honnêtes gens. Je n'avais donc à ménager que la fantaisie et la maladie d'un enfant : cela ne me semblait pas bien difficile.

Comme j'étais à moitié chemin déjà, M. Black me revint en mémoire. Le pauvre garçon m'avait toujours déplu; je me mis à le prendre en horreur, je ne sais trop pourquoi, si ce n'est parce que j'avais l'esprit malade. Je m'imaginai qu'il excitait Hope contre moi, que j'avais surpris des regards malveillants à la dérobée, des sourires de dédain en ma présence, enfin que je devais me méfier de lui et m'introduire à Bellevue sans qu'il me vît.

Il n'était que trois heures de l'après-midi. Je me trouvais à une lieue d'Allègre, où j'avais l'habitude de faire reposer mon cheval, quand je suivais cette route pour gagner la Chaise-Dieu. Je résolus de m'arrêter trois ou quatre heures là où j'étais pour attendre la nuit, et, prenant à droite un petit chemin de traverse, j'atteignis le hameau de Bouffaleure, où je mis mon cheval chez un paysan. De là, pour tuer le temps, je me rendis à pied au cratère de Bar, situé à peu de distance, et que je n'avais jamais eu la curiosité de gravir.

L'antique volcan s'élève isolé sur un vaste plateau très-nu et assez triste. Il est là comme une borne plantée à la limite de l'ancien Vélay et de l'ancienne Auvergne. Du sommet de ce cône tronqué, la vue est admirable et s'étend jusqu'aux Cévennes. Une vaste forêt de hêtres couronne la montagne et descend sur ses flancs, qui se déchirent vers la base. Le cratère est une vaste coupe de verdure parfaitement ronde et couverte d'un gazon tourbeux où croissent de pâles bouleaux clair-semés. Il y avait là jadis un lac qui, selon quelques antiquaires, était déjà tari au temps de l'occupation romaine, et qui, selon d'autres, a pu servir de théâtre à leurs naumachies. La tradition du pays est plus étrange. Les habitants du Forez se seraient plaints des orages que le lac de Bar attirait et déversait sur leurs terres. Ils seraient venus à main armée le dessécher avec du vif-argent.

Je me laissai tomber sur l'herbe vers le milieu du lac tari. Les bouleaux interceptaient fort peu la vue, et mon regard embrassait l'épaisse et magnifique ceinture de hêtres qui entourent le rebord du cirque avec une régularité que ne surpasseraient guère les soins de l'homme. De là, on pourrait se croire dans le bassin d'une plaine, si l'on ne consultait l'aspect du ciel, qui, au lieu de fuir à l'horizon par une dégradation de tons et de formes, révèle, par l'intensité uniforme du bleu et par le dessin inachevé des nuages, le peu d'espace que la plate-forme boisée occupe.

Le lieu est d'une tristesse mortelle, et je m'y sentis tout à coup saisi par le dégoût de la vie qu'inspirent certains aspects solennels et sauvages de la nature, peut-être aussi l'oppression de ce ciel étroit qui écrase les cimes enfergnées par des rebords, et qui semble mesuré à l'espace d'une tombe. Je mis ma tête dans mes mains, et je donnai cours aux sanglots que j'étouffais depuis si longtemps.

Je m'éveillai comme en sursaut en m'entendant appeler par mon nom... La voix de Love dans cette morne solitude, d'un accès sinon difficile, du moins pénible, et où je m'étais dit avec une sorte de sécurité douloureuse : « Là du moins, les oiseaux du ciel verront seuls ma faiblesse et mes pleurs!... » Cela était si invraisemblable, que je n'y crus pas d'abord. C'était Love pourtant. Elle accourait vers moi, marchant comme un sylphe sur le gazon mou et ployant du cratère. Elle était animée par la marche et par l'inquiétude; mais, quand elle se fut arrêtée un instant pour respirer en me serrant les mains, elle redevint pâle, et je vis qu'elle aussi avait beaucoup veillé et beaucoup souffert.

— Ne me dites rien ici, répondit-elle à mes questions inquiètes; venez dans le bois. Je veux vous parler sans qu'on le sache. Mon père et mon frère sont en voiture au bas de la montagne, du côté d'Alègre. Ni l'un ni l'autre n'auraient la force de monter jusqu'ici. Moi, je vous ai aperçu, traversant une petite clairière. Comment je vous ai reconnu de si loin, quand personne autre ne pouvait seulement vous apercevoir, c'est ce que je ne peux pas vous expliquer; cependant j'étais sûr de vous avoir reconnu. Je n'en ai rien dit; mais, comme mon père m'engageait à grimper au cratère avec M. Black, j'ai accepté. Je me suis arrangée pour perdre mon compagnon dès l'entrée du bois. Ce n'a pas été difficile. J'ai coupé en droite ligne, à pic, sous les arbres; M. Black est trop asthmatique pour en faire autant. Je lui ai crié de suivre le sentier, et le sentier aboutit là-bas, à droite. Je le sais, je suis déjà venue ici deux fois. C'est pourquoi je vous emmène à l'opposé. Mon père m'a donné deux heures, pendant qu'il reste assis avec Hope sur le bord du ruisseau. J'ai gagné une demi-heure en montant tout droit; je gagnerai un quart d'heure en descendant de même, et M. Black deviendra ce qu'il pourra.

En parlant ainsi, elle m'entraînait vers le fourré, où nous arrivâmes en peu d'instants. Le lac n'a guère qu'un demi-quart de lieue de diamètre. Aussitôt qu'on a franchi la couronne boisée du cratère, le terrain se précipite, et l'immense horizon se découvre à travers les arbres.

Love s'assit auprès de moi sur la mousse, au milieu des genêts en fleur. De là, nous apercevions, comme deux points noirs, M. Butler et son fils au bord du ruisseau. La voiture et les domestiques étaient à l'ombre un peu plus loin. Love, s'étant assurée que nous étions bien cachés, même dans le cas où Junius Black aurait l'esprit de venir de notre côté, me regarda enfin, et, voyant ma figure altérée, elle perdit la résolution qui l'avait soutenue jusque-là.

— Mon Dieu! s'écria-t-elle, comme vous avez du chagrin! Ah! si vous m'aimez tant que cela, et si vous manquez de courage, que vais-je donc devenir, moi?

— Si je vous aime tant que cela!... Vous avez donc pensé que je vous aimais peu et tranquillement?

— Peu, non! Je ne vous aimerais pas si je ne me croyais pas beaucoup aimée; mais, tant que le devoir ne nous enchaîne pas l'un à l'autre, nous ne pouvons pas sacrifier celui qui nous enchaîne à notre famille. Pourriez-vous hésiter entre votre mère et moi?

— Il me semble que je n'ai pas hésité quand je vous ai donné ma parole de me séparer d'elle pour vous suivre, s'il le fallait, à mille lieues de ce pays.

— C'est vrai, répondit miss Love en pâlissant, vous m'avez promis et juré plus que je ne demandais, car je comptais bien et je compte toujours que nous resterons en France. J'ai pensé que vous étiez très-enthousiaste, très-vif en paroles, et qu'au besoin vous reculeriez devant un pareil sacrifice.

— Vous vous êtes trompée, je ne reculerais pas.

— Eh bien, c'est peut-être mal de m'aimer à ce point-là; mais vous n'êtes pas dans la même situation que moi. Votre mère, vous me l'avez dit, désirait notre mariage, et l'idée de votre bonheur lui eût fait tout accepter. C'est la consolation des cœurs généreux que de savoir s'oublier pour ceux qu'on aime. Chez nous, ce n'est pas la même chose. J'ai affaire à un père qui ne saurait pas vivre sans moi, à un frère...

— C'est de lui qu'il faut me parler; voyons! Votre père n'exigera rien de moi qui ne soit accepté d'avance; mais l'enfant, le terrible enfant! C'en est donc fait! il est guéri, il est heureux... Je le vois là-bas qui joue avec son chien, et j'entends, je crois entendre son rire, qui monte jusqu'ici. C'est vous, Love, qui avez fait encore ce miracle, et, cette fois, le remède que vous avez mis sur la plaie, ce n'est pas ma soumission, c'est votre abandon et ma mort.

Love ne répondit rien. Elle regardait fixement du côté de son frère, et de grosses larmes coulaient sur ses joues.

— Vous m'effrayez! lui dis-je. Est-ce que cette apparence de santé est trompeuse? Est-ce qu'il est condamné?

— Non, non! répondit-elle; il est sauvé, parce que je lui ai fait un mensonge. Je lui ai dit que je renonçais à vous, que je ne voulais jamais me marier... Il l'a bien fallu! M. Rogers ne vous a-t-il pas dit que le pauvre enfant n'avait pas d'autre mal que sa jalousie, mais que ce mal était effrayant, que sa raison en était menacée, et qu'il était impossible, à cet âge-là, de persévérer avec tant de force et d'obstination dans un chagrin quelconque, sans faire craindre que le désordre ne fût déjà dans les facultés de l'âme? Tenez, j'étais, il y a un mois, la plus heureuse créature de la terre, et maintenant je suis la plus inquiète, la plus désolée. Ne viendrez-vous point à mon secours?

— Comment, m'écriai-je, c'est vous qui m'invoquez quand je succombe, et qui me demandez mon aide pour m'anéantir? Que voulez-vous donc que je fasse pour vous rendre ce bonheur que mon funeste amour vous a enlevé? S'il faut me tuer, me voilà prêt; mais, s'il faut vivre sans vous revoir, n'y comptez pas.

— Je ne veux pas, répondit-elle, que vous consentiez à vivre toujours sans me voir; je ne vous parle que d'une séparation de quelques mois, de quelques semaines peut-être; donnez-moi le temps de guérir et de convaincre mon frère. Quant à vous tuer, songez à votre mère et à moi, et ne dites jamais de pareilles choses; ce sont là de mauvaises paroles et de mauvaises idées. Voudriez-vous me laisser la honte et le repentir d'avoir aimé un lâche?

— Le suicide n'est pas une chose si lâche que vous croyez; ce qui est lâche, c'est de le présenter comme une menace. Je ne vous en parlerai plus, soyez tranquille; mais vous, que parlez-vous de m'aimer? Si vous m'aimiez, ne trouveriez-vous pas des forces suprêmes, des moyens de persuasion exceptionnels, prodigieux au besoin, pour détruire l'antipathie et la résistance d'un enfant? Une mère est plus qu'un frère, mille fois plus sous tous les rapports : eh bien, moi, je vous affirme, je vous jure que si la mienne s'opposait à notre mariage, je viendrais à bout de l'y faire consentir et de la rendre heureuse quand même, après qu'elle aurait cédé; je sais que vous auriez la volonté et le pouvoir de vous faire aimer d'elle. Pensez-vous donc que je n'aurais pas le même pouvoir et la même volonté vis-à-vis de Hope? Doutez-vous de mon cœur et des forces de mon dévouement? Oui, vous en doutez, puisqu'au lieu de m'appeler auprès de lui pour le soigner, le servir, le fléchir et le convaincre, vous m'éloignez, vous me défendez de paraître devant ses yeux, et vous entretenez ainsi cette tyrannie de malade qui pèsera, si vous n'y prenez garde, sur tout le reste de votre vie, et probablement sur le bonheur de votre père!

Ce dernier mot frappa Love plus que tout le reste.

— Ce que vous dites est vrai, répondit-elle, pleurant toujours avec une douceur navrante. Mon père souffre déjà de cette tyrannie, car il vous aime; il voyait notre mariage avec confiance, et je prévois le temps où la lutte pourra s'établir entre son fils et lui; mais, hélas! ajouta-t-elle plus bas en retombant dans ce découragement qui m'effrayait, ne sera-ce pas bien assez pour moi d'avoir à les mettre d'accord, sans qu'une autre lutte s'établisse au sein de la famille? Ah! tenez, cette position est horrible, et quand je pense que la raison ou la vie de ce malheureux enfant doit peut-être y succomber!... Vous parlez de votre mère, et cela m'a rappelé la mienne. Savez-vous que c'est elle que j'aime encore et que je ménage dans son fils? Si vous aviez comme il lui ressemble, et comme elle l'aimait! Elle l'aimait plus que moi. Je voyais bien sa préférence, et, loin d'en être jalouse, je donnais tous mes instants et toute ma vie à ce cher enfant. Que voulez-vous! c'est une habitude prise dès un âge que je ne saurais vous dire, car je ne me rappelle pas le moment où j'ai commencé à m'oublier pour Hope. J'ai été bercée avec ces mots : « Il est né après toi, c'est pour que tu le serves. Tu sais marcher et parler, c'est pour que tu le devines et que tu le portes. » Et, quand ma mère s'est sentie mourir, elle m'a parlé, à moi enfant de dix ans, comme si j'eusse été une mère de famille. Elle m'a dit :

« — Tu vois que ton père aime la science, c'est beau et respectable. Vénère la science par amour pour lui, et apprends tout ce qu'il voudra que tu saches, quand même cela ne devrait jamais servir qu'à lui être agréable. Tu es forte et tu as de la mémoire. Hope est encore mieux doué que toi; mais il est délicat et pas assez gai pour son âge. Prends garde que ton père n'oublie cela, et qu'il ne se fie trop à des facultés précoces. Sois toujours là, et fais en sorte que mon fils travaille assez pour contenter le cœur de son père et développer ses propres aptitudes, mais pas assez pour que sa santé en souffre. Ne le perds jamais de vue, et, quand tu le verras trop lire ou trop rêver, prends-le dans tes bras, emporte-le au grand air, secoue-le, force-le à jouer. Il faudra trouver moyen de faire tout cela sans négliger tes propres études. Ainsi tu n'auras pas un instant de reste dans la vie pour songer à d'autres plaisirs que ceux du devoir accompli. Je sais que je te demande ce qu'on appelle l'impossible, ma pauvre Love; mais il n'y a rien d'impossible quand on aime, et je sais que s'il faut faire des prodiges, tu en feras.

» Que vouliez-vous que je répondisse à ma mère quand elle était là, sur son lit d'agonie, pâle et comme diaphane, serrant mes petites mains d'enfant dans ses pauvres mains convulsives, et couvrant mon front de larmes déjà froides comme la mort? Ah! je n'oublierai jamais cela, c'est impossible! Mon ami, ayez pitié de moi. Montrez-moi du courage, afin que j'en aie aussi. Soyez pour moi ce que j'ai été pour ma mère, et je crois, oui, je sens que je vous aimerai comme je l'aimais, ou plutôt, non! parlez-moi comme elle me parlait, commandez-moi de me sacrifier à mon devoir; c'est encore comme cela que je vous comprendrai et vous aimerai le mieux.

En parlant ainsi, Love se jetait dans mes bras avec l'innocence d'un être que les passions terrestres ne peuvent pas atteindre, et moi qui l'aimais en imagination d'un amour sauvage et terrible, quand je la sentais ainsi, abandonnée et chaste, sur ma poitrine, je ne songeais seulement plus à ce que mes désirs avaient mis de rage dans mon sang. Je la regardais avec tendresse, mais avec autant de respect que si elle eût été ma sœur. Je baisais doucement ses cheveux, je n'aurais pas osé les soulever pour baiser son front nu, et son pauvre cœur qui palpitait comme celui d'un oiseau blessé, je le sentais près du mien sans me souvenir d'une autre union que celle de nos âmes.

La douceur de Love devait me vaincre, et elle me vainquit. Encore une fois je cédai. Je promis d'attendre, sans me désespérer, la guérison de Hope, dût-elle tarder à être radicale. Tarder combien de temps? Hélas! je n'osai fixer un terme, dans la crainte de le voir dépassé et de ne pouvoir m'y soumettre. Love cherchait à me donner de l'espérance, mais elle n'en avait pas assez elle-même pour régler quoi que ce soit dans notre avenir. Elle promettait sans effort et sans hésitation de m'aimer, et même de m'écrire, de me *tenir au courant*, et, quoique tout cela me parût bien calme auprès de ce que j'allais souffrir et subir pour l'amour d'elle, je me sentais encore si heureux de cette affection suave et sainte, que je n'eusse pas changé mon sort contre celui d'aucun autre homme sur la terre.

Je la tenais encore embrassée, quand j'entendis un bruit de feuilles et de branches froissées à deux pas de nous. Je me le[illegible] brusquement, et Love me suivit. Junius Black pa[illegible] tout près de moi sans me voir, et il acheva le tour du cratère sans paraître songer à miss Love.

— Soyez tranquille, me dit-elle; il n'a qu'une idée, c'est de ramasser des cristaux d'amphibole pour la collection.

Elle regarda sa montre; elle n'avait plus qu'un quart d'heure pour redescendre la montagne sans causer d'inquiétude à ceux qui l'attendaient. Elle s'arracha de mes bras, en me défendant de la suivre pour l'aider. Il y avait plusieurs endroits découverts à franchir. Elle s'élança comme un chevreuil à travers les genêts, et je suivis des yeux, pendant quelques minutes, sa course rapide, que trahissait le mouvement des flexibles rameaux chargés de fleurs d'or; puis elle s'enfonça de nouveau sous les hêtres, et je restai seul avec mon amour et ma tristesse.

Je ne la vis pas atteindre le lieu où l'attendait M. Butler. J'avais cherché un endroit favorable pour la regarder d'un peu moins loin sans me montrer; mais je m'égarai dans des sentiers tracés au hasard par les troupeaux, et il se passa un temps assez long avant que j'en pusse sortir. Quand je me crus dans un bon endroit, je reconnus que j'avais fait presque le tour de la montagne, et que la voiture de M. Butler s'était éloignée en me tournant le dos, emportant avec rapidité ceux qui tenaient ma vie dans leurs mains bienfaisantes ou cruelles.

Je retournai chez moi un peu moins accablé, n'ayant plus qu'une idée fixe, celle de recevoir une lettre de Love. La lettre arriva le lendemain. C'était comme mon arrêt de mort.

« Mon Dieu! que nous sommes donc malheureux! disait-elle. Hier, au moment où M. Black a passé près de nous dans le bois, vous vous êtes levé, et moi aussi. J'ai oublié une minute, une seconde peut-être, que d'en bas on pouvait nous voir. Hope nous a vus; il vous a reconnu. Il est tombé sans connaissance, comme foudroyé, dans les bras de mon père, qui ne savait rien, qui n'a rien deviné; mais moi, en arrivant auprès d'eux, en faisant revenir le pauvret à lui-même, en le caressant, en le questionnant, j'ai arraché ce mot terrible, prononcé à mon oreille: « Tu » m'as trompé! » Nous l'avons conduit à Allègre, où il s'est reposé et calmé, et ensuite ici, où il a assez bien supporté un nouvel accès de fièvre, mais à quel prix! Mon ami, j'ai juré que vous ne reviendriez plus ici, qu'il ne vous reverrait jamais, que je ne le quitterais plus d'un pas. Hélas! hélas! que de chagrin pour vous, et comme j'en souffre!... Soyez courageux, vous me l'avez promis, et moi, je conserve l'espérance. Hope guéri retrouvera son bon cœur, sa raison et sa docilité; il arrivera à comprendre que je vous aime, et il me dégagera de ma promesse. Ayons confiance en Dieu. Plaignez-moi, et ne m'accusez pas.

» LOVE BUTLER. »

XII

Les jours et les semaines se traînèrent encore. Je ne vivais plus que des lettres de Love; j'en avais une soif qu'elles ne pouvaient assouvir, car c'était un peu toujours la même lettre, bonne, sincère et soumise au devoir. Je lui écrivais aussi à l'insu des siens, mais bien rarement, car M. Louandre était le seul qui pût lui remettre mes lettres, et encore n'était-ce pas sans peine, disait-il. Hope avait toujours les yeux sur lui, et il n'entendait rien au métier que je lui faisais faire. J'ai su plus tard que, par un scrupule bien légitime, il n'avait pas remis une seule de ces lettres, car il me les rendit un jour en disant:

— Si je vous avais refusé de m'en charger, vous en eussiez chargé quelque autre qui eût fait la sottise de les remettre. Love était bien assez à plaindre, sans que je vinsse lui monter la tête avec l'exubérance de votre passion.

Je m'étonnais donc de ne pas recevoir de réponse à mes lettres, celles que Love m'écrivait se bornant à résumer en termes toujours clairs et affectueux l'inamovible situation. Plus le temps marchait, plus ces lettres devenaient rares, courtes et dubitatives. Je savais que Hope était sur pied, qu'il montait à cheval avec sa sœur, que la fièvre ne revenait qu'à de longs intervalles, et qu'il avait repris ses études. Plusieurs fois, la nuit, je m'étais introduit dans le parc de Bellevue, et j'avais rôdé autour de la maison; mais je faisais vainement un appel désespéré à ces heureux hasards qui fourmillent dans les romans, et qui amènent si à propos une insomnie de l'héroïne ou un stratagème ingénieux de l'amant pour se faire entendre et deviner. Jamais je ne vis de lumière aux croisées. Les jalousies et les rideaux étaient strictement fermés, comme dans toute maison aux habitudes régulières et prudentes. Jamais je n'osai lancer un grain de sable ou imiter le cri d'un oiseau. Livrer ma bien-aimée aux commentaires des laquais me soulevait le cœur de dégoût. Ce sont précisément ces êtres-là qui se trouvent toujours éveillés et prompts à se mettre aux aguets, quand l'amour se croit enveloppé dans les ténèbres.

Je racontais à Love, dans ces lettres qu'elle ne recevait pas, mes démarches et mes tourments. Je la suppliais de me donner un rendez-vous en présence de son père. Il me semblait que, si elle l'eût voulu, Hope eût pu l'ignorer. Elle répondait parfois, sans le savoir, à mes prières, car elle avait songé à cela d'elle-même; elle me le disait, et elle ajoutait que cela était impossible, que M. Butler s'affectait beaucoup de la voir triste, et la suppliait de m'oublier. Elle s'efforçait donc devant lui de ne pas paraître penser à moi, et elle ne voulait pas se démentir en lui demandant de protéger nos malheureuses amours.

Un matin, j'appris par ma mère que les médecins, mécontents de la langueur obstinée de Hope Butler, avaient conseillé l'air natal, que l'enfant avait saisi ce conseil avec passion, et n'avait pas donné de trêve à son père et à sa sœur que l'on n'eût fait les paquets et chargé les voitures. Au moment où ma mère m'annonçait ce départ, la famille Butler devait être arrivée à Londres.

Je tombai sans connaissance et je demeurai quelques jours comme anéanti; mais, les forces de la jeunesse et de ma constitution ayant repris le dessus, je recommençai à mener la vie désolée que je menais depuis deux mois, allant et venant sans but comme une âme en peine, et me sentant consumer par une fièvre sans intermittence que j'aurais voulu enflammer davantage pour qu'elle m'emportât. Ma mère voyait bien que je me [illegible]ais dépérir, et, malgré son air résigné, elle s'alarm[illegible]t sérieusement. Elle m'engageait à me distraire et à faire des visites dans nos environs; mais je ne voulais plus sortir du ravin de la Roche. A toute heure, à tout instant, j'attendais avec opiniâtreté, et pourtant sans espoir, une lettre de Love. C'en était fait, elle ne m'écrivait plus.

Un jour, M. Louandre, qui, grâce aux dernières circonstances, était devenu notre ami le plus intime, me prit en particulier dans la *chambre d'honneur*.

— Je ne suis pas content de vous, me dit-il : vous vous tuez; vous en avez le droit quant à vous, et c'est votre affaire, mais vous n'avez pas le droit de tuer votre mère; donc, vous êtes forcé de ne pas user du droit que vous avez sur vous-même. Sortez si vous pouvez de ce dilemme. Voyons, que prétendez-vous devenir? La situation telle qu'elle est ne peut se prolonger, à moins que vous ne soyez un mauvais fils. Vous allez me dire pour la vingtième fois que vous attendez l'avenir, et que vous ne voulez pas perdre la dernière lueur d'espérance. Eh bien, comme cette lueur d'espérance, au lieu de vous soutenir, vous paralyse, il faut que vous sachiez la vérité, et je prends sur moi de vous la dire. Tout est fini entre miss Butler et vous. Votre mère lui a écrit pour l'engager à se prononcer et à ne pas vous laisser dans une expectative funeste à votre santé, à votre caractère, à votre dignité. C'est M. Butler qui a répondu, et j'ai là sa lettre.

J'étais si malheureux, que je reçus ce dernier coup sans paraître le sentir. Je pris la réponse de M. Butler et j'essayai de la lire; mais elle était en caractères tellement hiéroglyphiques que je ne saisissais que des commencements de phrase ou des mots sans suite. Je n'ai jamais souffert comme je souffris en essayant de déchiffrer cette écriture impossible. J'étais comme dans un de ces rêves où l'on voit trouble au physique et au moral, où l'on se sent étouffé et emprisonné par un nuage qui vous suit et vous presse, en quelque endroit que l'on se mette pour s'en délivrer. Ma sentence était sous mes yeux, mais c'était comme un mystère impénétrable dont je ne pouvais saisir ni les causes ni les motifs. Je rendis la lettre à M. Louandre en lui disant :

— Je ne peux pas lire; mais qu'importe? Je suis condamné sans appel, n'est-ce pas?

— Je ne m'étonne pas, reprit-il, que vous ne puissiez venir à bout de déchiffrer ce grimoire à première vue. J'y ai mis trois jours, et enfin je le sais par cœur. Le voici mot à mot :

« Madame la comtesse, j'ai hâte de répondre à la lettre excellente et pleine de sagesse que vous nous avez fait l'honneur de nous écrire. La santé de mon fils se rétablit de jour en jour; mais, dès que je fais la moindre tentative pour le ramener aux sentiments que lui dicteraient la raison et l'amour fraternel, de nouvelles crises se déclarent. Le pauvre enfant accepte tout et jure de se soumettre; mais le mal physique est tellement lié chez lui à cette malheureuse jalousie, qu'il paye cruellement ses efforts pour la combattre. La situation où nous étions en quittant la France n'est donc que bien faiblement modifiée et menace de se prolonger indéfiniment. C'est pourquoi, navré comme vous, madame, de la douleur de votre cher et bien-aimé fils, mais jaloux de mériter par ma franchise la confiance dont vous daignez honorer ma fille et moi, je viens, en son nom et au mien, rendre à monsieur votre fils et à vous la parole qu'il nous avait donnée. »

Il y avait ensuite une page entière de regrets, de témoignages d'estime et de bons conseils pour moi; mais je n'entendais plus, je crois même que je n'avais rien entendu du commencement, et que la phrase qui consommait la rupture était la seule qui m'eût frappé. J'étais comme hébété. Je me souviens que je regardais les peintures du panneau boisé, placé vis-à-vis de moi, suivant de l'œil avec une attention puérile les sujets imités de Callot, comme si je les eusse vus pour la première fois. Il y avait surtout un signor Pantalon qui, vêtu d'une simarre noire sur des chausses rouges, le corps plié en avant et le bras étendu comme pour une démonstration péremptoire, s'empara de mon hallucination. Je crus voir, à la place de son profil barbu, la tête et le profil de Junius Black, et ce que me lisait M. Louandre, je m'imaginai l'entendre sortir de la bouche du personnage de la muraille. Ce fut au point que, la lecture finie, je me retournai vers le notaire avec étonnement, et lui fis une question qui l'étonna tout autant lui-même.

— Que me dites-vous là? s'écria-t-il en me secouant le bras. Est-ce que vous rêvez? M. Black n'a en effet aucun droit, aucune envie, je pense, de se mêler de vos affaires. Ce n'est pas une lettre de Black que je viens de vous lire, c'est une lettre de M. Butler en personne; voyez la signature.

Je ne fis pas la moindre objection, et je demandai seulement ce que ma mère exigeait de moi. Sauf à consentir à de nouveaux projets de mariage, j'étais résigné à tout ce qu'il lui plairait de m'ordonner.

— Votre mère, répondit M. Louandre, comprend fort bien que vous ne puissiez songer au mariage d'ici à un certain temps. Elle veut qu'à tout prix vous preniez de la distraction. Que voulez-vous faire? Si vous manquez d'argent, nous vous en trouverons. Voulez-vous retourner à Paris? Je sais bien, par mon fils qui s'y est trouvé en même temps que vous, et qui est un garçon rangé, lui, qu'il y a là pour vous des remèdes dangereux; mais, si vous en avez abusé une fois, ce n'est pas une raison pour recommencer, et votre mère, qui m'a paru tout savoir sur ce chapitre, aime encore mieux vous voir faire des folies que de vous laisser tomber en consomption. Partez donc, prenez trois maîtresses, s'il vous les faut, et revenez bientôt, comme vous êtes déjà revenu, raisonnable et disposé à prendre la vie comme tout le monde est forcé de la prendre.

— Non, répondis-je, je n'irai pas à Paris, et je ne prendrai pas une seule maîtresse. A l'heure qu'il est, le plaisir que l'on trouve avec les femmes sans cœur, et que l'on pourrait appeler la mimique de l'amour, me conduirait à l'exaspération. Paris est trop près de Londres; je ne pourrais pas m'empêcher d'aller à Londres. Je resterai ici, ou du moins j'essayerai d'y rester et de prendre mon parti. Rassurez ma mère : je soignerai ma santé; je prendrai tout le quinquina qu'il lui plaira de me doser, et, pourvu que je me porte bien et que j'agisse comme un homme qui a son bon sens, qu'importe le reste?

J'espérais tenir ma parole, mais je ne la tins qu'à demi. Je soignai ma santé, qui se rétablit à peu près; je gardai un silence absolu sur moi-même, et je parus avoir l'esprit présent et la tête saine. Cependant je ne me consolais pas, et par moments je me sentais devenir fou. Je me cachais dans les grottes voisines du château, et, là, dans l'ombre, assis sur une grosse roche brute qui occupait le centre de la crypte principale et qui avait peut-être servi de trépied à quelque pythonisse gauloise, j'évoquais le fantôme de Love, et je me mourais d'amour en cherchant à le fixer et à le saisir.

L'hiver fut horrible. Bien que l'abri du ravin nous adoucît la rigueur du climat environnant, on gelait dans les appartements mal clos du manoir, et, quoique très-habitué à tout supporter, je sentais le mal-être extérieur réagir sur mon âme. Je faisais de grandes courses sur la neige qui couvrait les plateaux. Un jour, je gravis avec des peines inouïes le cratère de Bar pour revoir les buissons où j'avais embrassé Love pour la dernière fois. Coupé en deux par la bise, je sentais mes larmes geler dans mes yeux et ma pensée se glacer dans mon cerveau.

Enfin je reconnus que cette passion devenait une monomanie, et que je n'avais pas en moi les forces suffisantes pour m'y soustraire. Ma conscience me disait pourtant que j'avais fait mon possible, et ma mère, qui le voyait bien, me rendait justice. Nous nous trompions, elle et moi, en ce que nous ignorions le remède. Il eût fallu travailler, et je travaillais assez assidûment; mais mon éducation première ne m'avait pas appris à travailler avec fruit, et ma mère ne savait pas plus que moi quelle intime relation existe entre la lumière qui se fait dans l'esprit et le rassérénement qui peut s'opérer dans le cœur. Mes études me semblaient arides : je les poursuivais comme une tâche volontaire, comme un certain nombre d'heures arrachées de vive force, chaque jour, à l'obsession de mon chagrin; mais je ne les aimais pas, ces études sans lien et sans but. Elles me donnaient les accablements de la fatigue sans me verser les douceurs du repos.

Et pourtant j'avais entendu Love vanter les bienfaits du travail et dire devant moi, en parlant de son père, que toutes les peines de l'âme cédaient devant une conquête de la science. Je lui en voulais d'être si croyante à cette sorte de religion où on l'avait élevée. J'enviais le sort de M. Butler, qui était capable de tout supporter et de tout oublier pour une heure de recueillement ou de contemplation. Mes résumés intérieurs ne m'apportaient pas cette joie tranquille et profonde que je lui avais vu savourer en disséquant un insecte ou en interrogeant les veines d'une roche. J'apprenais cependant beaucoup de choses techniques, et, guidé par une sorte d'instinct dont je ne voulais pas me faire l'aveu à moi-même, je me rendais capable de ne plus mériter les sourires de pitié de Junius Black et de devenir utile à M. Butler. Malheureusement, je ne voyais pas Dieu comme il le voyait, lui, à travers les merveilles et les suprêmes révélations de la nature. J'en étais à ce degré d'instruction où l'on n'est encore occupé qu'à battre en brèche les croyances du passé, et où la constatation des faits naturels vous conduit à des conclusions matérialistes d'une froideur désespérante.

Il faut croire que, malgré mon abattement, je conservais un reste d'espoir, car, un jour, en apprenant de M. Louandre qu'il était question de mettre Bellevue en vente et de faire transporter en Angleterre les riches collections de M. Butler, je reçus un grand choc dans tout mon être et m'imaginai que je le recevais pour la première fois. Je pris alors mon parti de changer radicalement les conditions d'une existence que je ne pouvais plus supporter. Ma mère elle-même m'en suppliait, et on me trouva les fonds nécessaires pour un voyage de quelques mois; mais, au moment où l'animation des préparatifs m'avait rendu une sorte d'énergie, ma pauvre mère tomba dangereusement malade. Dès lors tout projet fut abandonné, car le mieux qui pût arriver à ma mère, c'était de rester infirme. Je la soignai avec un dévouement et une assiduité qui ne me coûtèrent aucun effort. Je ne me sentais plus jeune, et il me semblait que l'inquiétude et la douleur étaient fatalement mon état normal. En voyant souffrir cette pauvre mère, je compris combien je l'aimais, et l'amertume qui m'était restée contre miss Love se dissipa devant la révélation de mon propre cœur.

Ma mère ne m'avait pas toujours compris, et jamais elle n'avait voulu se faire connaître à moi; mais elle m'avait toujours chéri sans partage en ce monde. Je n'avais dans son cœur pour rival que le souvenir de mon père. Ses derniers moments furent comme partagés entre la joie de l'aller retrouver et le chagrin de me quitter. Après avoir langui trois mois dans cette *chambre d'honneur*, d'où elle n'avait plus la force de sortir, elle s'éteignit dans mes bras, et je restai seul au monde. Alors, je sentis une sorte de joie amère et farouche de n'avoir plus rien à aimer et à ménager. Je partis brusquement sans faire d'adieux à personne, et j'écrivis de Marseille à M. Louandre pour le prier d'affermer ma terre à quelque prix que ce fût. Je croyais fermement ne vouloir plus remettre les pieds dans un pays où j'avais tant souffert.

XIII

Je voyageai pendant cinq ans, c'est-à-dire que je passai, suivant mes convenances ou mes sympathies, plusieurs mois ou plusieurs semaines dans chaque contrée que je voulais connaître. Je fis deux fois le tour du monde, et je peux dire que rien ne m'est tout à fait étranger sous le ciel.

J'errais plutôt que je ne voyageais, n'ayant pas tant pour but de m'instruire que de m'oublier; mais je m'instruisais pourtant malgré moi, et, malgré moi aussi, je me souvenais de moi-même. Il faut croire que j'ai une certaine force d'individualité, car bien souvent, au moment où je me croyais transformé en un autre homme, en un serviteur passif et indifférent d'une résolution prise par l'homme d'autrefois, je me retrouvai tout à coup tel que je m'étais quitté, c'est-à-dire âpre au bonheur et irrité contre le sort qui m'avait trahi.

Chose étrange! ces retours vers le passé, ces impatiences contre le présent devinrent plus vifs à mesure que j'avançais dans la vie. Au commencement, la nouveauté des objets, la satisfaction des caprices, une sorte de parti pris contre mon pauvre cœur froissé, me soutinrent à travers les fatigues et les dangers sans nombre de mes voyages. C'est au moment où je devais m'y croire habitué que je sentis ce qui me manquait pour épouser l'isolement de la vie nomade. L'émotion du péril cessa de me charmer le jour où je m'avouai que je n'aimais pas la gloire, et que mes velléités de science m'avaient été fatalement inspirées, à mon propre insu, et en dépit de moi-même, par le désir d'entrer la tête haute dans la famille Butler. En perdant cette espérance et en sentant mourir mon cœur, j'avais continué à cultiver mon intelligence pour ne pas périr tout entier; mais le cœur n'était qu'engourdi par la violence du coup qu'il avait supporté. Il se réveillait sans cesse, plus impérieux, plus indigné, quand j'avais assouvi les passions, je devrais plutôt dire les besoins de la jeunesse. Je courais comme un insensé après les femmes hardies, en me disant, en cherchant à me faire croire que celles-là seulement étaient des femmes, et que la chasteté des autres couvrait d'un voile poétique le néant glacé de leur âme; mais le dégoût s'emparait de mon ivresse en moins de temps qu'il ne m'en avait fallu pour m'y jeter. Je revoyais toujours alors le spectre de la fille pure et pieuse, de la jeune mère de famille pour qui l'amour n'est que le but de la maternité sainte, et qui place le bonheur au-dessus du plaisir. Le fantôme de l'*amie* se levait devant moi, passait en me jetant un regard de pitié, et s'envolait dès que j'étendais les bras vers lui, comme pour me faire comprendre qu'il était trop tard, et que je n'étais plus digne de le fixer à mes côtés.

J'en étais digne pourtant, puisque mon âme ne s'usait pas, même dans l'abus de sa liberté, puisque je me sentais toujours ému jusqu'aux larmes quand, assis sur une grève lointaine, à trois ou quatre mille lieues de ma patrie, sous un ciel de feu ou au pied des glaces éternelles, je me retraçais, avec une exactitude de mémoire implacable, les moindres paroles et les moindres gestes de l'enfant que j'avais tenue dans mes bras, elle confiante et moi sans trouble, sur la mousse de la petite montagne de Bar. Mon bonheur avait été si fragile et mon roman si court, cependant! D'où vient donc qu'après ces années d'énergie terrible qui vous bronzent ou vous éteignent à la suite des grands voyages, je me sentais encore si accessible aux tendresses du passé et aux délices du souvenir?

J'étais toujours celui qui avait été aimé, qui pouvait l'être encore, puisqu'il retenait en lui la puissance d'aimer passionnément après avoir tout fait pour la perdre! J'avais vingt-sept ans, et je vivais avec cette blessure, qui saignait de temps en temps d'elle-même, et que de temps en temps aussi je rouvrais de mes propres mains, pour ne pas la laisser guérir. Par une bizarrerie que comprendront ceux qui ont aimé ainsi, plus ma souffrance s'éloignait dans le passé, plus elle me redevenait présente, et, si j'étais fier de quelque chose au monde, c'était d'y avoir survécu sans l'avoir oubliée. C'est par là seulement que je me sentais vraiment fort, supérieur en quelque chose à ces hommes d'une grande énergie physique et morale que je rencontrais sur mon chemin, disséminés par le monde : les uns, les Anglais surtout, gravissant les plus hautes cimes ou traversant les plus affreux déserts, rien que pour éprouver leur activité et constater la puissance de leur résolution ; les autres, des savants ou des artistes, poursuivant une tâche intellectuelle et travaillant pour le progrès du genre humain. Moi, je n'avais eu qu'un problème à résoudre, celui de vivre sans lâcheté après avoir reçu un coup mortel, et ce n'avait pas été peu de chose. Plus d'un à ma place eût donné son âme à Satan, c'est-à-dire à la haine des hommes, au mépris des plus saintes lois du cœur. Je n'étais devenu ni méchant, ni injuste, ni envieux, ni cruel. Affligé d'un caractère un peu méfiant et hautain, je m'étais adouci et contenu sans m'avachir et sans m'annuler. Enfin ma bonne conscience m'avait rendu le sommeil et l'appétit. Les grandes misères et les sérieuses aventures m'avaient même donné une sorte de gaieté extérieure et de sociabilité sympathique, comme il arrive toujours quand un instant de bien-être et de repos chèrement acheté vous fait sentir le prix de tout ce que l'opulence et la sécurité méconnaissent. Je n'étais pas heureux, mais je savais en quoi consiste le vrai bonheur, et je pouvais dire, la main sur ma poitrine, que, si je ne l'avais pas trouvé, ce n'était pas ma faute.

Voilà pourquoi, silencieux sur mon propre compte, mais non satisfait, détestant toujours ma destinée, mais sans amertume contre celle des autres, je me lassai de la vie errante à l'époque où elle devient une passion pour ceux qui en ont traversé les premières épreuves. J'en vins à me dire que je pouvais, sans oublier Love, ce qui ne me paraissait pas admissible, apporter encore une intimité supportable et un loyal attachement dans le mariage. J'en vins à rêver une famille, des enfants à élever, des amis à retrouver, et mon rocher d'Auvergne, qui me semblait si petit à travers de si grands espaces à franchir, m'apparut comme un phare qui me rappelait obstinément. J'avais accompli ma tâche, j'avais subi mon martyre, et, s'il m'était interdit de vivre sous l'étoile du bonheur, du moins j'avais le droit de revenir pleurer tout bas dans mon berceau.

J'arrivai en France, au printemps, et ce n'est pas un rêve que de croire à l'air natal. Malgré la rigueur relative de la région où je rentrais en venant des tropiques, je respirai à pleins poumons, avec délices, le froid humide des plateaux qui servent de base à nos montagnes. Les grands tapis de renoncules jaunes et de narcisses blancs à cœur d'or qui jonchent les hauteurs étaient noyés dans la brume, et je ne pus saluer que par rares éclaircies les dentelures de mes horizons.

Je n'avais reçu aucune lettre de France, et je n'avais pas donné de mes nouvelles depuis si longtemps, que l'on devait me croire mort ; je me faisais un plaisir triste d'apparaître comme un spectre à ceux qui m'avaient un peu aimé. Mais, avant de songer à mes anciens amis et à mes parents, je voulais revoir seul le tombeau de ma mère, sa maison bizarre et sa chambre d'honneur, où elle avait passé les trois quarts de sa vie à recevoir les visiteurs d'un air grave, tout en faisant du tricot, sans lever les yeux sur personne, ou à rêver seule avec moi, les pieds fixés sur le carreau mal joint, les mains étendues sur les bras usés de son maigre fauteuil ; je voulais revoir ce jardin sur le sommet du rocher qu'elle s'était décidée à rendre praticable pour que j'y pusse courir en liberté dans mon enfance, sans être arrêté à chaque pas par un précipice, et ces grottes où j'avais caché tant de pleurs, et ces cascatelles dont le doux bruit avait bercé tant de rêves, enfin tout ce monde de mon passé qui avait tenu dans le creux d'une petite roche enfouie et perdue le long d'un ravin caché lui-même sous la verdure.

J'arrivai à pied, un matin des derniers jours de mai, sans avoir été reconnu de personne sur ma route à travers le Vélay. Étais-je donc bien changé ou complétement oublié ? Il y avait de l'un et de l'autre.

Après avoir marché une partie de la nuit, j'entrai, au jour naissant, dans le ravin de la Roche. La rivière était très-grosse et très-bruyante ; mais, du chemin, on ne la voyait plus, tant les branches avaient poussé sur ses rives. Le chemin lui-même était devenu comme un rempart de défense, tant il était hérissé et couronné de ronces, dont j'eus à soulever les rameaux épineux pour pénétrer jusqu'à l'escalier. La porte était neuve et close, une lourde et laide porte de ferme, en bois neuf, à la place de la belle porte en vieux chêne à ferrures savamment historiées, dont les débris gisaient sur les marches brisées du perron. Cette merveille avait fait son temps. M. Butler n'est jamais revenu dans le pays, pensai-je, car il eût acheté ces fers travaillés de la renaissance qu'il convoitait jadis, et que personne aujourd'hui ne paraît s'être soucié de ramasser.

Au moment de sonner, je me rappelai qu'en quittant la France j'avais écrit à M. Louandre d'affermer la terre. J'avais fait la réserve du château, que je ne voulais pas savoir envahi par des indifférents; mais Dieu sait ce qui avait pu arriver depuis trois ans que je n'avais donné signe de vie. Un frisson me passa dans tout le corps. Je tremblai de trouver des inconnus installés dans le sanctuaire de mes souvenirs, et jusque dans le lit où ma mère était morte. Le faible bruit de mes pas n'avait éveillé personne. Seulement, un petit chien qui me sentait là, derrière la porte, aboyait d'une voix perçante. Ce chien aussi était pour moi un étranger, et c'est en étranger qu'il me traitait lui-même en appelant ses maîtres pour me chasser.

Je n'eus pas le courage de vouloir entrer avant de savoir par qui le château était habité. Je revins sur mes pas. Je me glissai dans l'écurie, espérant y trouver quelque domestique; mais il n'y avait là que deux bêtes; un mulet pour le service de la ferme ou du moulin, et un vieux cheval décharné que je ne reconnus pas; il me reconnut, lui, car il se mit à hennir et à s'agiter en tournant vers moi ses yeux éteints. C'était mon bon cheval d'autrefois, celui qui m'avait porté si rapidement à Bellevue, et qui, depuis, avait tant marché au hasard dans nos chemins étroits et dans nos vastes plaines pour promener mes ennuis et mes anxiétés.

Je le caressai en l'appelant par son nom. Il me reconnaissait par le sens mystérieux accordé aux animaux, car il était devenu aveugle. Il mangeait peu, car il était maigre à faire pitié; mais on ne l'avait pas mis au moulin. Son poil touffu et rude ne portait aucune trace de travail. On l'avait donc gardé et nourri tant bien que mal par respect ou par amour pour ma mémoire. Je pris confiance, et je retournai à la porte de la maison, que je trouvai grande ouverte. L'unique gardienne du vieux manoir était sortie pendant que j'étais dans l'écurie, sortie pour quelques instants avec son chien, et je pus pénétrer seul dans la cuisine, où tout annonçait l'existence d'une servante économe et solitaire. Je regardai un vieux métier à dentelle, monté en corne transparente, avec des images de saints en ornements. Je le reconnus. C'était le métier de la vieille Catherine, la servante de ma mère. J'avais étudié mes lettres en apprenant à lire sur les devises de ces images. Catherine était donc toujours là, travaillant avec le même instrument. Il n'y avait de nouveau dans la maison que le petit chien.

Toutes les portes de l'intérieur étaient fermées; mais je savais dans quel tiroir du vieux bahut Catherine mettait ses clefs quand nous sortions ensemble. Celles des appartements déserts devaient s'y trouver aussi. Je les y trouvai en effet, et j'entrai dans la salle à manger, dans le salon, dans la chambre d'honneur. Tout était propre autant que possible, tout était rangé comme autrefois. Il y avait sur une pelote, au chevet du lit, des épingles à tête de verre que ma mère y avait mises. Son fauteuil n'avait pas quitté le coin de la cheminée. Une grande lettre bordée de noir était fichée dans le cadre de la glace. C'était une invitation à l'enterrement de la pauvre défunte; cette lettre qui s'était trouvée de reste, et qui ne portait aucune adresse, me remettait sous les yeux la date et l'heure de la mort. Je fis le tour des parois. Les peintures n'avaient rien perdu de leur éclat désagréable. Le Pantalon avait l'air de me saluer, et la Sirène de me présenter son miroir.

XIV

Mille émotions poignantes et douces hâtaient le cours de mes idées et les battements de mon cœur. J'étais venu là pour être seul avec ma mère, et j'étais avec elle en effet; mais ce mystérieux tête-à-tête se passait, comme autrefois, à parler de moi seul, car jamais elle ne m'avait dit un mot sur elle-même, et, quand elle sortait de ses préoccupations intérieures, c'était uniquement pour s'inquiéter de mon avenir.

Mon avenir! où était-il maintenant? Je n'avais qu'une consolation de le voir détruit à jamais, c'est qu'au moins personne ne s'en tourmentait plus: consolation affreuse, et qui ressemble à un suicide accompli avec la précaution de faire disparaître son propre cadavre dans quelque gouffre sans fond. Et pourtant je n'avais pas la tranquillité du désespoir. Il me semblait, à sentir si vivace et si chaud le souvenir de ma mère, qu'elle n'était pas morte, ou que ce que nous appelons la mort n'est qu'une apparence trompeuse, une disparition de la forme, et rien de plus. Son cœur, sa pensée, tout ce qui était l'essence d'elle-même et le mobile de sa vie, n'étaient-ils pas là, près de moi, autour de moi et aussi en moi-même, comme l'air que l'on respire? Ne me parlait-elle pas encore de sa voix douce et sans inflexion? Ne me disait-elle pas, comme autrefois: « Mon fils, vous n'êtes pas heureux; il faut travailler à votre bonheur. »

C'était là l'unique devoir qu'elle m'eût jamais tracé, le seul effort qu'elle m'eût demandé de faire pour elle, et je n'avais pu la satisfaire! Le mal que je m'étais fait, à moi, le ressentait-elle encore dans une autre vie? Cette idée m'affecta profondément. Elle ne m'était pas venue durant mes voyages, et dans cette maison, dans cette chambre, elle prenait une importance extraordinaire; elle me pressait comme un reproche, elle m'accablait comme un remords.

C'est alors seulement que les larmes me vinrent, et que, dans un de ces paroxysmes d'attendrissement où l'on s'exalte, je parlai intérieurement à ma mère, comme si elle eût pu désormais m'entendre sans le secours de la parole. J'étais là pour ainsi dire avec elle cœur à cœur, et elle pouvait lire dans le mien avec le sien propre. Je lui promis, je lui jurai de chercher le bonheur, dussé-je encore une fois souffrir tout ce que j'avais déjà souffert.

Mais quel serait-il ce bonheur? Je ne pouvais le concevoir que dans l'amour. Je n'étais pas ambitieux: mon premier, mon unique amour avait tué en moi toute velléité de ce genre. Le moment venait pourtant où je pouvais me faire un nom quelconque en publiant mes souvenirs de voyage. Je savais écrire aussi bien que cent autres, et l'homme qui a beaucoup vu peut prétendre à se faire lire. Eh bien, je ne trouvais aucune satisfaction dans l'idée de sortir de mon orgueilleuse obscurité. Je sentais que ma véritable vie, c'était mon amour, et non pas mes voyages. Je ne voulais pas raconter ma vie intérieure. L'autre ne m'intéressait pas assez moi-même pour que j'eusse le courage de la présenter avec le soin et le talent nécessaires.

Je n'ambitionnais pas non plus la fortune. Autant que je savais et daignais calculer, je pensais que les emprunts contractés pour voyager ne compromettaient pas très-sérieusement mon capital, et la moitié de ce capital m'eût encore suffi pour vivre avec la frugalité dont j'avais l'habitude. Seulement, je ne devais pas songer à élever une famille dans les conditions de la vie dite *honorable*, que ma mère avait soutenue pour moi avec d'incessants et d'impuissants efforts. Je songeai sérieusement à épouser quelque pauvre fille habituée à la misère, et qui pourrait regarder ma pauvreté comme un luxe relatif; quant à mes enfants, je pourrais les élever moi-même, couper en eux dans la racine toute fierté nobiliaire, et les pourvoir d'un état qui, brisant toute tradition d'oisiveté privilégiée, ferait d'eux les hommes de leur temps, c'est-à-dire les égaux et les pareils de tout le monde.

J'étais perdu dans mes pensées, quand la vieille Catherine, surprise de trouver les clefs aux portes des appartements, entra avec son maudit chien, qui s'étranglait de peur et de colère en me sentant là. La bonne femme fit comme lui, elle s'enfuit en criant et en menaçant. Elle me prenait pour un voleur.

Il fallut courir après elle et me nommer cent fois, et lui jurer que j'étais le pauvre Jean de la Roche, pour qu'elle n'ameutât pas les gens de la ferme et pour qu'elle consentît à me croire. D'abord mon costume demi-marin, demi-touriste, et ma barbe épaisse et noire me rendaient affreux à ses yeux. Et puis je n'étais plus le frêle jeune homme aux mains fines, au cou blanc et aux cheveux bien coupés qu'elle avait dans la mémoire. J'étais un homme cuivré par le hâle et endurci à toutes les fatigues. Ma poitrine s'était élargie, et ma voix même avait pris un autre timbre et un autre volume.

Enfin, quand elle m'eut retrouvé à travers tout ce changement qui la désespérait, elle se calma, pleura de joie, et consentit à répondre à mes questions.

Je commençai par celles dont j'aurais pu faire d'avance la réponse. Les plus vieux et les plus infirmes de mes parents étaient morts, et, comme je m'informais, par respect pour l'âge et le nom, d'un mien grand-oncle fort pauvre et fort égoïste que j'avais peu connu, la bonne femme me regarda avec stupeur.

— Comment! s'écria-t-elle, monsieur ne sait donc pas?...

— Je ne sais rien: que veux-tu que je sache? J'arrive, et je n'ai encore vu personne.

— En ce cas, monsieur ne sait pas qu'il est riche?

— Riche, qui?... mon oncle Gaston?...

— M. le chanoine Gaston de la Roche est mort dans la dernière misère, comme il avait toujours vécu; mais M. le comte est riche, vu que ce grand-oncle si malheureux avait mis ses revenus de côté. Il avait amassé, ramassé, tondu sur les œufs, que sais-je? placé les intérêts et les intérêts des intérêts, si bien qu'il a laissé en espèces enfouies plus de cinq cent mille francs, dont M. le comte hérite. Eh bien, ça ne vous fait pas plus plaisir que ça? Si la pauvre madame vivait, ça lui en ferait tant pour vous!

— Ah! tu as raison, Catherine! l'âme de ma mère s'en réjouit peut-être; alors je suis content, très-content. Mais parle-moi de mon meilleur ami au pays, parle-moi de M. Louandre. J'ai peur d'apprendre aussi sa mort, car tu ne me racontes jusqu'à présent que des enterrements.

— M. Louandre se porte bien, Dieu merci! c'est son jour, vous le verrez tantôt. Il vient ici régulièrement tous les 28 du mois pour arrêter les comptes du régisseur, aviser aux réparations des bâtiments, et voir enfin si tout est en ordre. Il a grand soin de vos affaires, allez! Seulement, il a du chagrin parce qu'il commence à vous croire mort, comme je le croyais presque aussi, moi! Et tous vos cousins pensaient de même. Ils s'impatientent fort de ne rien savoir de vous, et il y en a bien quelques-uns qui ne seront pas trop contents de vous revoir, car il ne fait pas trop mauvais maintenant d'hériter de vous. Il y a surtout M. de Bressac...

— Ne me dis pas cela, Catherine, ne me nomme pas les gens qui comptaient voir arriver un de ces matins mon acte de décès. J'aime autant ne pas le savoir! Tu dis que M. Louandre va venir?

— Oui certes, je vais préparer son déjeuner et le vôtre. Si vous voulez que je continue à causer avec vous, il faut venir avec moi dans la cuisine, comme vous faisiez quand vous étiez un enfant, et que, tout en plumant mes volailles, je vous racontais la légende des jayans[1] cévenols ou celle de la pucelle du Puy-en-Vélay.

Je suivis Catherine et je l'aidai même à faire le déjeuner. Elle était émerveillée de voir que je me rappelais la place de tous ces petits ustensiles, comme j'étais émerveillé moi-même de voir qu'elle n'eût pas varié d'une ligne dans ses habitudes d'ordre. Elle me mit au courant de tout ce qui concernait mon ancien entourage; mais quand, faisant un grand effort sur moi-même, je lui demandai à qui appartenait maintenant la terre de Bellevue, elle me répondit qu'elle n'en savait rien, que c'était trop loin, qu'elle ne s'occupait pas des gens qui vivaient à huit ou dix lieues de la Roche, et qui d'ailleurs ne l'intéressaient pas : ces réponses évasives m'inquiétèrent.

— Au moins, lui dis-je, tu sais si la famille Butler a reparu dans le pays... si...

— Ils sont tous vivants, je sais cela, répondit-elle; mais je ne sais pas autre chose.

Catherine avait vu mon désespoir, et elle en avait connu la cause. Elle haïssait Love Butler et son frère, auteurs de tous mes maux, disait-elle. Je n'étais pas surpris de voir que, comme au temps passé, elle n'aimât pas à me parler d'eux; mais j'allai plus loin dans mes suppositions : Love devait être mariée. Je n'osai pas le demander. J'avais peur de l'apprendre, et pourtant je m'étais dit mille fois pour une que je devais la retrouver mariée, si je la retrouvais jamais.

M. Louandre arriva. Je défendis à Catherine d'avertir qui que ce fût de mon retour, et j'allai m'asseoir dans la salle à manger, dont je tins les jalousies presque fermées. Quelques instants après, j'entendis Catherine dire au notaire, conformément à mes ordres :

— Oui, oui, entrez! vous déjeunerez ensemble. C'est un étranger, un voyageur qui vous apporte des nouvelles de M. le comte.

— Ah! enfin! De bonnes nouvelles? s'écria M. Louandre en venant à moi. Parlez vite, monsieur. Il n'est pas mort?

— Non, monsieur, il vit et il se porte bien.

Le son de ma voix fit tressaillir le notaire. Il le reconnaissait, et pourtant, comme ce n'était plus absolument le même, comme j'avais tout à fait perdu un certain accent du terroir qui ne se perd jamais tant qu'on y réside, il resta perplexe et me regarda avant de me faire une seconde question; mais ma figure lui causa les mêmes doutes, et, quand j'eus répondu que Jean de la Roche songeait en effet à revenir, il alla ouvrir la persienne et me contempla avec attention. Il lui fallut bien une minute pour être sûr de son fait. Puis tout à coup il se jeta dans mes bras avec la confiance d'un cœur fidèle, et, comme Catherine, il pleura; mais il ne fut pas d'accord avec elle sur le changement que j'avais subi. J'étais, selon lui, beaucoup mieux qu'autrefois.

— Ah çà! me dit-il quand nous fûmes seuls, vous savez que vous êtes riche, et même plus riche qu'à l'époque où vous avez hérité; car, depuis trois ans que vous avez reçu la nouvelle...

— Je ne l'ai pas reçue.

— Ah bien, je m'en doutais!... J'ai écrit partout où vous n'étiez pas! C'est toujours comme ça. Eh bien, depuis trois ans, j'ai continué pour vous le métier d'usurier que faisait votre oncle. Quand je dis usurier, c'est une hyperbole, car je respecte la loi; seulement, je place et replace les intérêts, si bien que vous voilà maître de jeter tout par les fenêtres, si bon vous semble; cela ne me regarde plus. Mais j'espère que vous nous ramenez une jolie créole, et que bientôt nous verrons apparaître ici un ou deux beaux poupons qui vous auront mis du plomb dans la tête.

— Vous vous trompez, monsieur Louandre! Je n'ai ni femme ni enfants : je n'ai pas seulement essayé de me marier!

— Comment! vrai? sur l'honneur?

— Sur l'honneur! Vous a-t-on dit le contraire?

— On l'a si bien dit, que je le croyais. C'est votre cousin Louis de Bressac qui l'a annoncé partout, et même...

— Achevez, mon ami; Love elle-même l'a cru. Louis de Bressac l'aimait aussi, lui! Il l'a trompée pour l'épouser...

1. Géants.

— Love? Qui vous parle de Love?

— Moi, je vous en parle.

— Diable! vous y pensez donc toujours?

— J'y pense quelquefois. Vous voyez que cela se peut faire sans que j'en meure. Ne me parlez donc pas comme vous parliez à l'enfant déraisonnable d'il y a cinq ans. Dites-moi tout de suite la vérité : Love est mariée!

— La vérité, c'est bien simple. Love n'est pas mariée et ne se mariera jamais. Ne pensez plus à elle.

— Et pourquoi ne se mariera-t-elle jamais? Que lui est-il donc arrivé? Son frère...

— Son frère se porte comme vous et moi, le père aussi, Black aussi, et il n'est rien arrivé du tout; mais pourquoi diable me questionnez-vous avec des yeux sortant de la tête? L'aimez-vous encore? Voyons! Depuis le temps, n'avez-vous pas songé à quelque autre? Et à présent que vous voilà riche...

— Parlez-moi d'elle, mon ami; je vous dis que je veux tout savoir. Je vous parlerai de moi après.

— Eh bien, puisque vous le voulez, je vous dirai tout ce que je sais et tout ce que je pense. Écoutez-moi bien, s'il vous plaît, monsieur Jean de la Roche!

XV

— Il y a cinq ans, Love était une charmante petite fille qui vous aimait tranquillement. C'est sa manière d'aimer, vous le savez. Eh bien, Love est une grande aimable fille, toujours tranquille quand il ne s'agit pas des siens, et qui, pour son bonheur et pour le vôtre, vous a parfaitement oublié. Que cela ne vous étonne ni ne vous offense. Ce n'est point une personne passionnée comme vous, et ce n'est pas sa faute. Elle a été élevée comme ça, pour les autres, avec défense de jamais songer à elle-même. Vous le savez aussi... Eh bien, il y a des grâces d'état : où la chèvre est attachée, elle broute. Love Butler, après avoir peut-être un peu souffert de votre chagrin et s'en être convenablement préoccupée pendant deux ans, a appris avec une satisfaction évidente que vous étiez marié. Il y a même eu des détails là-dessus. Votre femme était une créole ravissante, pas du tout riche, un mariage d'amour enfin! Messire de Bressac votre cousin, qui faisait sa cour à Love, comme vous l'avez fort bien deviné, et qui avait recueilli ou inventé la nouvelle, s'est cru vainqueur sur toute la ligne, et il se hâtait, en attendant mieux, de raconter à qui voulait l'entendre que mademoiselle Butler remerciait Dieu de se voir enfin délivrée des extravagances dont vous pouviez la menacer encore, lorsqu'un beau matin il a rossé vilainement son cheval et tué son chien de chasse sous le prétexte que la pauvre bête avait eu l'intention de forcer l'arrêt. On s'est demandé la cause de cette injuste colère, et on se l'est expliquée par le menu, en voyant qu'il ne remettait plus les pieds à Bellevue. Il avait reçu son congé comme tous ceux qui s'y étaient exposés avant lui et tous ceux qui s'y sont exposés depuis.

» La vérité est que Love a versé une petite larme en apprenant votre mariage. J'étais présent, et je peux vous dire ce qui s'est passé. Le Bressac faisait la figure d'un homme fort dépité de cette larme, et, moi, je pris les mains de la brave fille en lui demandant si elle vous regrettait, et si elle avait compté que vous ne vous marieriez point.

» — Non, me répondit-elle avec la franchise que vous lui connaissez; je ne regrette pas un mariage qui ne pouvait se faire sans nous amener de grands malheurs, ou sans nous jeter dans des inquiétudes continuelles. Je n'ai jamais compté que M. de la Roche ne m'oublierait pas : c'eût été là, de ma part, un sentiment odieux et dont vous me savez incapable. Vous me voyez émue et non pas étonnée ou affligée de ce que j'apprends.

» — Alors, insinua spirituellement M. de Bressac, mademoiselle pleure de joie?

» — Eh bien, qui sait? peut-être! répondit Love avec beaucoup de simplicité et de noblesse d'intention. Vous me dites qu'il est heureux, qu'il a une femme charmante : j'en remercie Dieu, et j'ai assez d'amitié pour votre cousin pour pleurer de chagrin ou de joie selon qu'il lui arrivera du bien ou du mal.

» Voilà tout, elle n'a pas dit un mot de plus ou de moins, et votre cousin n'est qu'un menteur, comme le sont tous les fats; mais ce qu'il n'a pas vu et ce que je n'invente pas, moi, c'est qu'à partir de ce moment-là miss Love, que j'avais surprise quelquefois rêveuse et presque mélancolique, est redevenue gaie comme elle l'était avant de vous connaître, plus gaie même, plus vivante, plus active et d'une sérénité admirable; c'est qu'elle a pris son parti de rester fille, et qu'elle a vu là le seul genre de vie qui pût lui permettre de se consacrer exclusivement aux siens. Elle s'est expliquée avec moi là-dessus bien des fois depuis trois ans, et tout dernièrement encore elle me disait :

» — Ne me parlez plus de mariage. Je ne veux plus que vous me nommiez seulement les gens. Je suis très-heureuse, et à présent je sais qu'il serait trop tard pour essayer de changer les conditions de mon bonheur. Je suis devenue de plus en plus nécessaire à mon père, et même je vous avouerai que je me suis prise d'amour aussi pour ces études qui autrefois n'étaient pour moi qu'un devoir. Je ne me sens donc plus propre à vivre dans le monde. La sécurité, la possession du temps sont une nécessité de notre intérieur et de nos travaux.

» Voilà ce qu'elle dit et ce qu'elle pense, car elle est devenue presque aussi savante que son père, et je la soupçonne fort d'écrire sous son nom. Elle est toujours aussi modeste et cache même son savoir; mais ce n'est point par coquetterie, par crainte d'effaroucher les amoureux, puisqu'elle n'en veut pas entendre parler : c'est tout bonnement pour ne pas donner trop d'émulation au jeune frère, lequel est porté à la jalousie en toutes choses, et qui ne permettrait pas à sa sœur d'aller plus vite que lui, s'il savait qu'en effet elle l'a beaucoup devancé. On ménage toujours la santé de ce garçon, qui ne sera jamais un Méléagre, encore moins un Hercule, mais qui vivotera dans les livres, et qui s'y ruinera comme son père, dès qu'il sera libre de le faire.

» A ce propos, je dois vous dire qu'il *va bien*, le papa Butler, et qu'il eût vendu Bellevue à grand'perte, si je n'eusse pris en main les intérêts des enfants. Heureusement, Bellevue reste franc d'hypothèques, et le digne homme ne se décidera jamais à transporter et à déranger des collections aussi bien étiquetées que celles qui remplissent son manoir. Il m'a donc laissé libre de faire porter le budget de ses pertes sur d'autres valeurs. Celle-là, je la conserve pour Love, jusqu'au jour où, M. Butler n'ayant plus rien à lui, elle se ruinera pour lui faire plaisir. A cela je ne peux rien, et je me résigne d'avance. Je sais que nous reculons peut-être pour mieux sauter; mais quelquefois en reculant on sauve tout. M. Butler peut mourir à temps : ce serait bien dommage, il est impossible de ne pas aimer cet homme-là; mais, si sa fille doit le pleurer, je serais content qu'il lui restât au moins de quoi vivre.

» Voilà les faits dans toute leur netteté, et tout ce que je vous dis là doit vous prouver que Love ne veut plus et ne voudra jamais aliéner une liberté que, sous tous les rapports, dans le passé comme dans l'avenir, elle a consacrée et sacrifiée à sa famille. Telle qu'elle est, avec la froideur de son organisation, qui pour moi est évidente, avec sa faiblesse de caractère, qui ne l'est pas moins, son engouement pour la science, qui lui fait oublier de plaire et d'aimer, et qui, par conséquent, lui retire son sexe, enfin avec ses imperfections et ses défauts (car, pour une femme, ce sont là des défauts essentiels, peut-être), je ne vous cache pas que j'aime Love comme si elle était ma fille, car elle a toutes les qualités du plus brave garçon de la terre et toutes les vertus d'une sœur de charité. C'est pourquoi non-seulement je ne vous conseille pas de la voir et de redevenir amoureux d'elle, mais encore je m'y oppose, entendez-vous? persuadé que je suis du chagrin que vous lui feriez, en pure perte pour vous-même.

Ayant ainsi parlé avec rondeur et fermeté, M. Louandre attendit ma réponse. Je n'en fis aucune. Il me fallait bien accepter les faits accomplis, et, d'ailleurs, ce que j'entendais me rendait si tranquille et si froid, que je ne sentais en moi aucun regret, aucune douleur à exprimer.

— Je vois, reprit M. Louandre, que tout cela vous donne à réfléchir.

— Comment pouvez-vous croire, lui dis-je, que j'ai besoin de réfléchir après cinq ans de victoires remportées sur moi-même?

— Aussi n'est-ce pas pour vous que je m'inquiète. Je n'en suis plus à croire que vous devez mourir de chagrin ou en devenir fou; je vois bien que vous êtes un homme solide, bien trempé au moral comme au physique.

— De quoi vous inquiétez-vous, alors?

— Mais de rien! Seulement, s'il y avait à s'inquiéter pour quelqu'un, ce serait pour miss Love, que votre retour et vos visites pourraient replonger dans les inquiétudes d'autrefois. Dieu sait si son frère vous reverrait sans retomber dans sa monomanie, et si, croyant cette jeune fille libre de vous écouter, vous ne recommenceriez pas à l'affliger de vos peines! Vous auriez grand tort, voyez-vous, et c'est vous alors qu'il faudrait accuser de monomanie; car Love n'est plus jolie, ou du moins elle a perdu toutes ses grâces d'enfant. Elle n'a qu'un avenir précaire et des idées, aujourd'hui arrêtées, qui sont tout à fait celles d'une bonne vieille fille chérissant ses habitudes et redoutant toute intervention étrangère dans ses affaires domestiques.

— Enfin, repris-je en souriant, je vois que vous craignez de me retrouver aussi jeune que quand je suis parti. Vous me faites bien de l'honneur, et je vous en remercie; mais je suis forcé, pour vous détromper, de vous dire que je suis revenu ici avec l'idée de me marier sans amour, et que je compte sur vous pour me trouver un établissement qui comportera toutes les conditions de la saine et positive amitié.

— A la bonne heure! s'écria M. Louandre. Vous voilà dans le vrai, et je vous réponds qu'avec l'héritage de votre grand-oncle, vous êtes à même de faire un excellent choix. J'y songerai, et nous parlerons de cela. Je n'ai qu'un regret au milieu de ma joie de vous revoir, c'est que vous ne soyez pas arrivé quinze jours plus tard.

— Pourquoi cela ?

— Affaire d'intérêt pour vous. Il se présente une magnifique occasion de placer votre capital. La terre de...

Ici, M. Louandre entra dans des détails que j'écoutai avec l'attention d'un homme positif, bien que la chose me fût très-indifférente au fond ; mais mon digne ami mettait tant de zèle à vouloir m'enrichir, que je lui eusse fait beaucoup de peine en ne le secondant pas de toute mon adhésion.

— Ce serait une affaire faite dans quinze jours, ajouta-t-il, si vous n'étiez pas là ; mais, dès qu'on vous verra au pays, les exigences, très-modestes aujourd'hui, faute de concurrents, deviendront exorbitantes. On voudra vous faire payer la convenance, car on devinera parfaitement que je traite pour vous, tandis que, si on vous croyait en Chine, on n'y songerait pas. Voyons, si vous vous en alliez un peu? N'aviez-vous pas l'intention de revoir Paris, ou comptiez-vous vous arrêter et résider ici tout de suite?

— Je comptais aller à Paris pour me remettre au courant des choses de ce monde. J'irai dès demain, si vous voulez.

— Eh bien !... allez-y ! vous m'obligerez, vrai ! Je tiens essentiellement à ne vous rendre la gouverne de vos biens qu'après les avoir mis sur le meilleur pied possible. Croyez-vous pouvoir cacher votre retour? Qui avez-vous vu déjà ?

— Catherine, et voilà tout.

— Oh ! celle-là, on peut compter sur sa discrétion ! Et personne ne vous a reconnu en route?

— Personne ; je n'ai parlé à qui que ce soit.

— Et vous êtes venu du Puy?...

— A pied, sans un seul domestique. Le mien est encore à Marseille dans sa famille.

— Et vous vous en irez bien de même jusqu'à une dizaine de lieues d'ici, sans vous faire connaître ?

— Parfaitement, et d'autant plus que je n'ai ici ni domestique ni monture.

— Eh bien, vous ramènerez de Paris tout ce qu'il vous faudra. Partez demain, et ne sortez pas aujourd'hui de la maison. Il n'y a pas de danger que personne y entre, puisqu'elle est censée fermée et inhabitée. De cette manière-là, je réponds du succès de mon idée, et, par ce temps de placement incertain et difficile, je vous assure un beau revenu et une complète sécurité, partant un mariage magnifique. Je ne sais pas encore avec qui, mais nous trouverons, *gardez-vous d'en douter*... Revenez vers le 15 juin, voilà tout ce que je vous demande.

Quand je me retrouvai seul dans cette maison déserte et sombre, je sentis l'horreur de la solitude peser sur moi beaucoup plus que dans les premiers mouvements d'émotion. J'avais perdu une dernière fois et sans appel le rêve de l'amour. Ma résolution de chercher le bonheur dans le repos semblait maintenant m'être prescrite par les circonstances. J'étais riche, j'avais des devoirs envers moi-même, et cela me faisait une peur véritable. Je devais compte de mon aisance et de mon crédit à une famille fondée par moi. Il ne m'était plus permis de rester garçon, sous peine de vieillir dans l'égoïsme et d'attirer sur moi la déconsidération qui s'attache aux misanthropes sans excuse. Ainsi mon bien-être me créait des obligations et me retirait la liberté. Je me trouvai si triste de cela, que j'eus envie de repartir tout de suite pour l'Océanie.

Je m'interdis, et même sans trop d'efforts, de penser à miss Butler. J'éprouvais une sorte d'amère satisfaction à me dire que tout était brisé sans retour de ce côté-là et que je ne m'étais pas trompé, lorsque, dans mes heures de désespoir, je l'avais accusée de froideur et d'ingratitude.

XVI

J'étais si accablé d'ennui au bout de deux heures d'isolement et d'inaction dans un lieu rempli de souvenirs amers, que je résolus de n'y rentrer qu'avec une compagne de mon choix, et j'avais tellement hâte de me soustraire à la mélancolie noire qui semblait suinter sur moi des murs de mon château, que je pris le parti de dormir quelques heures et de me sauver vers minuit, aussitôt que la lune serait levée.

Je me jetai tout habillé sur le lit de la chambre d'honneur. C'est là que, dans mon enfance, ma mère me faisait faire la sieste auprès de son prie-Dieu quand nous étions seuls. Je me souvenais de l'avoir vue agenouillée à mon réveil comme je l'y avais laissée en m'endormant, affaissée plutôt que prosternée, pleurant ou rêvant dans l'attitude de la prière, et me donnant, à son insu, le navrant et dangereux spectacle d'une douleur sans réaction et d'un inguérissable amour.

Je fis un rêve d'une effrayante réalité. Je vis ma mère debout auprès de mon lit, écartant les rideaux d'une main impérieuse et jetant Love dans mes bras, Love en pleurs qui me suppliait de l'épargner, et que j'étouffais de mes embrassements sans m'apercevoir qu'elle était morte. Quand je m'imaginai n'avoir plus dans les bras qu'un cadavre, je poussai des cris qui me réveillèrent; mais je restai en proie à un tel sentiment d'horreur, que je me levai pour fuir les visions de cette terrible chambre. Je courus à la fenêtre. La lune se levait. Il faisait froid, le torrent grondait, et le petit chien de Catherine hurlait d'une façon lamentable, comme s'il eût vu passer les spectres qui venaient de me visiter.

Je pris mon sac de voyage et je partis. Je marchai toute la nuit sans rencontrer une âme, et le soleil levant me trouva dans les bois qui entourent la Chaise-Dieu.

C'est une antique abbaye fortifiée, célèbre dans l'histoire locale par ses richesses, son importance et ses luttes contre les seigneurs pillards de la contrée. Les bâtiments imposants et vastes, flanqués de hautes tours carrées encore munies de herses, se relient, par plusieurs cours immenses, à l'église abbatiale, une merveille de l'art ogival, aujourd'hui consacrée au culte de la paroisse, mais encore garnie d'une partie de son riche et curieux mobilier, les stalles du chapitre adorablement sculptées, et les antiques tapisseries d'un prix et d'une rareté inestimables qui revêtent toute la partie supérieure du chœur.

Au pied de ce noble et puissant édifice, le village semble agenouiller ses humbles maisonnettes, et autour de ce village, autrefois habité par les ouvriers et les serviteurs de l'abbaye, s'étendent à perte de vue, sur les ondulations de la montagne immense, d'immenses bois de pins d'une tristesse solennelle et majestueuse.

Je revis avec un serrement de cœur étrange ces grands bois déserts que j'avais traversés tant de fois pour aller à Bellevue. Ils avaient grandi et épaissi durant mon absence, mais ils s'ouvraient toujours aux fraîches et gracieuses clairières tapissées d'herbes fines, aux jolis chemins de sable qui se précipitent vers les mystérieux ruisseaux, ou qui gravissent des élévations douces d'où l'on découvre au loin les vallées profondes de l'Auvergne et du Vélay, avec leurs horizons tourmentés, inondés de lumière.

Ne voulant pas me montrer aux habitants de la Chaise-Dieu, je m'éloignai de la vue du clocher et continuai ma route vers l'orient. Je comptais gagner une diligence du côté d'Issoire. La nuit avait été glaciale; le climat de cette région élevée est un des plus rigoureux de la France. L'été n'y dure guère plus de deux mois, et le printemps est horrible. Le terrain sablonneux qui se resserre à la pluie rend cependant les communications faciles quand les neiges sont fondues. Aussi je marchais vite pour me réchauffer, et j'espérais être bientôt arrivé à une maison de paysans dont j'avais souvenance pour y avoir quelquefois mangé à la chasse. Je mourais de faim et j'avais grand besoin de sommeil.

Mais une portion de forêt récemment coupée et absolument impraticable me força de chercher un détour. Je marchai encore une demi-heure et fus contraint de m'arrêter, épuisé de lassitude. Je m'étais complétement perdu. J'entendis la cloche d'un troupeau de vaches et me dirigeai de ce côté. L'enfant qui les gardait eut une telle peur de ma barbe, qu'il s'enfuit en laissant son petit sac de toile, où je trouvai du pain et une sébile de bois. Je m'emparai du pain en mettant une pièce de cinq francs à la place. Les vaches se laissèrent traire dans la sébile, et, après avoir satisfait ma faim et ma soif, je cherchai un coin découvert pour m'étendre au soleil, car j'étais beaucoup plus pressé de dormir que de savoir où j'étais.

Je dormis profondément et délicieusement. Quand je m'éveillai, le sac du vacher et le troupeau de vaches avaient disparu. L'enfant, en revenant les chercher, ne m'avait peut-être pas aperçu. Je comptais bien retrouver mon chemin sans le secours de personne, et je me remis en route, tout en me disant que j'étais devenu un sauvage, puisque je reposais si bien à ciel ouvert sur la dure, tandis que les gros lits de plume et les épais rideaux de nos habitations auvergnates me donnaient le cauchemar.

Je m'engageai dans des sentiers que je jugeais devoir me ramener vers la Chaise-Dieu, mais où je m'égarai de plus en plus. Impossible de rencontrer une clairière, et, au bout d'une heure de marche sous l'ombrage des pins, je me trouvai sous celui des sapins de montagne, arbres très-différents, aussi frais et aussi plantureux que les pins sont ternes, sombres et décharnés. Comme j'avais toujours monté pour chercher un point de vue quelconque, je ne m'étonnai pas de me trouver dans la région où croissent ces beaux arbres, amis des nuages et des vents humides, et, comme le point de vue ne se faisait pas, je pensai être dans la direction de Saint-Germain-l'Ermite. Je me mis donc à redescendre, mais je rencontrai les bouleaux, et dès lors il n'y avait plus pour moi de doute possible. Je marchais droit sur la route d'Arlanc, c'est-à-dire sur Bellevue.

En effet, dix minutes plus tard, j'apercevais sous mes pieds la rampe tortueuse qui suit les ressauts de la montagne et s'enfonce dans les chaudes vallées de l'Auvergne avec une rapidité audacieuse et des bonds d'une grâce infinie.

— Eh bien, non, ce ne sera pas ma destinée, pensai-je avec dépit. Je descendrai jusqu'à cette route, et je prendrai à gauche. A présent, je sais où je suis. Il ne sera pas dit que j'irai où je ne veux pas aller.

Arrivé sur la route, je sentis la rapide transition de l'atmosphère, et je m'assis, baigné de sueur, au bord d'une petite source qui perçait le rocher taillé à pic. Je reconnaissais la source, et l'endroit, et le site, et jusqu'aux pierres du chemin. Pourtant, dans la crainte d'être trompé encore par quelque hallucination, je m'informai auprès d'un charretier qui passait.

— Vous êtes bien sur la route d'Arlanc, me dit-il, et, à un quart d'heure d'ici, en marchant devant vous, vous trouverez le château de Bellevue; mais, si c'est là que vous allez, je vous avertis qu'il n'y a personne. Du moins les maîtres sont tous partis ce matin pour Issoire.

Je me dis aussitôt que, si la famille Butler était du côté d'Issoire, je devais m'en aller par le côté d'Arlanc pour m'enlever toute chance et toute misérable velléité de la rencontrer. Je marchai donc sur Bellevue, résigné à passer le long du parc, et même devant la porte.

Le parc de Bellevue est un des plus beaux jardins naturels que j'aie jamais vus. C'est l'œuvre de la nature bien plus que celle de l'homme, et pourtant c'est M. Butler ou plutôt c'est Love qui l'avait créé, en ce sens qu'elle avait choisi, dans les propriétés qui avoisinent le château, le site le plus romantique, pour l'approprier aux besoins de la promenade. Ainsi que je l'ai dit déjà, la clôture était une limite bien plutôt qu'une défense, et nulle part l'œil n'était arrêté ou attristé par la vue d'un mur. Ce vaste enclos se composait du revers de deux collines boisées, qui venaient se toucher à leur base pour s'éloigner ensuite plus ou moins, de place en place, former d'étroits sanctuaires de verdure d'une adorable fraîcheur, et se souder au fond en un mur de rochers d'où tombait un mince ruisseau d'argent. Dans ce rocher, on avait pratiqué une voûte et une arcade fermée d'une grille tout à côté de la cascatelle; mais on avait si bien masqué cette sortie avec des plantes et des arbustes, qu'il fallait la connaître pour savoir qu'on pouvait s'échapper par là de cette espèce de *bout du monde*, c'est le nom qu'on donne en Auvergne, dans la Creuse et, je crois, un peu partout, à ces impasses de montagne. Tout le vallon du parc, véritable collier de salles de verdure, doucement incliné vers l'habitation, se terminait brusquement par une étroite brisure au pied du monticule, que dominaient les parterres et les bâtiments. Là encore, le ruisseau faisait un saut gracieux et s'en allait dans le désert. Un sentier taillé dans la roche le suivait à travers les bois; mais le parc s'arrêtait réellement à la cascade, comme il avait commencé à la cascade située un quart de lieue plus haut, et ces limites, tracées par la nature, en faisaient un paysage complet et enchanté que d'un coup d'œil on pouvait embrasser des fenêtres de la maison.

J'entrai dans ce paysage en enjambant le fossé et en écartant les branches de la haie. Je faisais là une chose qu'aucun des rares habitants de la montagne ne se fût permise, car il est à remarquer que nulle part la propriété n'est aussi scrupuleusement respectée que dans les localités ouvertes à tout venant. Dans la splendide Limagne, le terrain est trop précieux pour qu'on en perde un pouce; il n'y a donc là ni haies ni barrières, et la richesse immaculée des récoltes annonce la scrupuleuse probité des propriétaires mitoyens.

Situé à la limite de cette admirable et fatigante Limagne, trop ouverte au soleil en été et trop écrasée de corniches de neige en hiver, Bellevue était une oasis, une tente de verdure et de fleurs entre les grands espaces cultivés et les âpres rochers de micaschiste qui forment une barrière entre la Haute-Loire et le Puy-de-Dôme. Le revenu des terres ou plutôt des roches adjacentes ne consistait qu'en bois, et, ces bois magnifiques étant respectés comme l'ornement indispensable du site, le revenu était nul; mais, en revanche, M. Butler possédait une notable étendue de terres dans la plaine et de nombreux troupeaux sur les collines.

Je me sentais si détaché de mes anciens projets, que je contemplai le *Love's Park* en amateur et en artiste pour la première fois. Je comparais cette charmante situation avec les grands sites que j'avais vus ailleurs, et je m'étonnais, après avoir fait le tour du monde, de retrouver dans ce petit coin de la France une poésie et même une sorte de majesté sauvage, dont aucun souvenir, aucune comparaison ne pouvait diminuer le charme. C'est ce qu'éprouveront tous ceux qui seront restés un peu naïfs et qui n'auront pas perdu le goût du simple et du vrai après avoir assisté au spectacle enivrant des grandes scènes invraisemblables de la nature. Je m'étais attendu cependant à retrouver petite et mesquine cette montagne d'Auvergne que mon enfance avait sentie si vaste et si imposante, et je la retrouvais étroite et resserrée, mais profonde et mystérieuse comme une idée fixe, comme un rêve dont on ne voit jamais le bout, comme l'amour que j'avais porté si longtemps enfermé dans le secret de mon âme.

Et puis chaque site un peu remarquable a sa physionomie qui défend la comparaison comme une exigence impie ou puérile. Les collines de Bellevue étaient petites, mais elles s'étageaient hardiment les unes au-dessus des autres, et, des grands sapins qui vivaient dans le froid, il fallait une heure pour descendre, par de bizarres sinuosités, jusqu'aux noyers, qui, exotiques délicats, s'épanouissaient le long du ruisseau. Les croupes de ces collines, qui plongeaient dans le parc, étaient revêtues d'un manteau de feuillage varié, où le pâle bouleau frissonnait comme un nuage à côté du hêtre élégant et du sapin ferme et grandiose. C'était comme un tapis nuancé où l'œil ne s'arrêtait sur aucun contraste et nageait dans une suave harmonie de couleurs et de formes. Et je ne sais pourquoi cette grâce, cette harmonie, ce vague délicieux de la nature me représentaient Love dans sa première fleur de jeunesse, d'innocence et de touchante séduction; mais, en levant les yeux plus haut, je voyais la triple enceinte des monts se hérisser de roches orgueilleuses qui perçaient à travers les forêts, et je me disais :

— C'est ainsi qu'en elle la grâce et les parfums couvraient un cœur de pierre inaccessible.

XVII

Il faut croire que ce fatal amour était en moi comme la source de mon existence; car, en dépit de tous les avertissements de M. Louandre et de toutes mes déceptions, je le sentis se raviver avec une énergie foudroyante. En vain j'amoncelais contre lui les raisonnements et les preuves, en vain je me disais que Love avait dû perdre l'attrait de sa personne; je me trouvais là aussi ému, aussi ardent que si toutes les choses du passé dataient de la veille. Je revoyais l'endroit où son père m'avait envoyé lui parler le jour de notre première entrevue, et le cœur me battait comme si j'allais la voir paraître au fond du vallon, montée sur son poney noir, et la plume de son chapeau au vent. Et puis je m'arrêtais sous un massif de sapins. C'est ici qu'elle était assise tandis que son frère cueillait de la mousse sur les arbres; c'est là qu'elle folâtrait avec lui comme un jeune chat, et qu'elle oubliait un livre latin qu'elle savait déjà lire, hélas! mélange bizarre d'enfance pétulante et de précoce maturité! C'est là-bas qu'un autre jour je la surpris lançant des barques de papier sur le courant du ruisseau pour amuser ce frère ingrat et despote qui lui a défendu d'aimer!

Tout à coup, en me reportant aux détails que M. Louandre m'avait donnés la veille, je fus pris d'une grande tristesse. Je me représentai l'avenir de cette pauvre Love, la fortune de son père et la sienne dissipées rapidement, Bellevue mis en vente en dépit des efforts du fidèle notaire, et la famille exilée de ce paradis terrestre où, depuis cinq ans, elle vivait heureuse au milieu des richesses intellectuelles péniblement amassées et conservées avec amour. Il y avait déjà dans le parc un certain air d'abandon qui sentait la gêne et qui n'était pas dans le caractère et dans les habitudes de Love. Qui sait si quelque jour, bientôt peut-être, elle ne serait pas forcée de travailler pour vivre? Que ferait-elle alors? Où irait-elle? Il lui faudrait probablement se séparer de ces parents trop aimés et trop caressés dans leur capacité improductive, et aller remplir quelque obscure fonction d'institutrice pour gagner péniblement le pain de l'année.

Tout cela pouvait et devait arriver, et alors elle regretterait amèrement de n'avoir pas pris un soutien de famille, un ami aussi dévoué, mais plus ferme et plus clairvoyant qu'elle-même. Et moi qui avais autorisé et encouragé M. Louandre à me chercher, à me désigner une compagne, j'allais donc devenir pour jamais étranger à cette famille qui eût dû être la mienne! Elle marchait à sa perte, et moi, j'étais riche, j'étais devenu instruit, je pouvais la sauver, et je m'occupais de mon mariage! Je n'avais plus qu'à dire : « Tant pis pour ceux qui n'ont pas voulu de moi! »

Cette idée me parut monstrueuse.

— Non, m'écriai-je en moi-même, cela ne sera pas! Je ne me marierai pas. Je veux rester libre de sauver ma pauvre Love le jour où l'amitié fraternelle et l'amour filial qui me l'ont enlevée lui commanderont enfin de revenir à moi. Cela peut tarder trois ou quatre ans encore : eh bien, n'y en a-t-il pas cinq que j'attends, et les années de ma vie où Love n'est pas comptent-elles désormais devant moi?

Je chassais de mon mieux ces résolutions romanesques et folles, mais mon cœur s'y obstinait, et jusqu'au soir j'errai dans le parc sans penser à chercher un gîte quelconque. Je ne me sentais plus vivre que par ma fièvre, et je ne voulais pas sortir de Bellevue sans avoir ressaisi ma volonté dans cette lutte de volontés contradictoires. L'amour l'emporta. J'allai droit à la ferme de Bellevue. On ne m'y reconnut pas, bien que je ne prisse aucun soin de me dissimuler. J'y passai la nuit, et, le lendemain, après m'être informé de ce que je voulais savoir, je partis dans la direction d'Issoire.

La famille Butler s'était mise en route pour une tournée botanique ou géologique, comme elle en faisait tous les ans, soit au printemps, soit à l'automne. Je m'étais fait dire son itinéraire; j'étais résolu à le suivre. Je voulais revoir Love sans qu'elle me vît. Il me fallait absolument savoir si je l'aimais encore, et, dans le cas contraire, c'est-à-dire si sa présence ne m'inspirait plus rien, j'avais tout à gagner à me débarrasser une fois pour toutes de l'obsession de son souvenir.

J'arrivai à Issoire, où les Butler avaient passé la nuit. Ils étaient repartis le matin même, mais sans qu'on sût où ils s'arrêteraient sur la route des monts Dore par Saint-Nectaire. Ils voyageaient à petites journées dans leur voiture, avec leurs chevaux, leur cocher et un domestique. Ils allaient fort lentement, comme on peut aller dans un pays où l'on ne compte pas par lieues, mais par heures de marche. Ils s'arrêtaient dix fois par étape pour examiner, disait-on, les cailloux ou les mouches du pays. Je pris une nuit de repos à Issoire, et, le lendemain, je partis pour Saint-Nectaire.

J'étais toujours à pied, guignant tous les passants. J'avisai un colporteur qui se reposait sous un arbre, dans un endroit désert. Je me souvenais que ces gens vendaient quelquefois des vêtements tout faits aux gens du peuple. Celui-ci n'en avait pas, mais il me désigna un hameau voisin où un de ses confrères était en train d'en proposer aux habitants. Je m'y rendis aussitôt. Je trouvai l'homme, et j'achetai un pantalon de velours de coton et une blouse de toile bleue. Un peu plus loin, je me procurai une grosse chemise. Mon chapeau de paille était convenablement usé et déformé. Je remis dans mon sac de voyage les vêtements du touriste; je me chaussai, jambes nues, dans de gros souliers de paysan. Je coupai ma barbe avec des ciseaux, de manière à lui laisser l'aspect d'une barbe de huit jours. Je pris cependant sur moi les papiers nécessaires et l'argent dont M. Louandre m'avait muni. Je cachai le sac dans un mouchoir à carreaux noué aux quatre coins, et je sortis du bois où j'avais fait ma toilette et où je m'étais à dessein roulé sur la terre, frotté aux arbres et déchiré aux épines, dans un état de transformation très-satisfaisant. Dès lors je m'avançai hardiment sur la route, et je pris mon repas dans un cabaret à Champeix; après quoi, je franchis d'un pas léger la sauvage gorge granitique qui serpente avec la Couze en se dirigeant vers Saint-Nectaire.

J'avais déjà fait cette route plusieurs fois, et je la savais peu praticable aux voitures; mais j'eus une inspiration qui me guida. Je me souvins qu'il y avait là, après les granites, une curiosité naturelle peu connue et qui n'étonne nullement les habitants de cette âpre région volcanique, mais qui avait pu tenter M. Butler, s'il ne l'avait pas encore vue : c'est une scorie de quelque cent pieds de haut, dressée au bord du torrent, et si mince, si poreuse, d'aspect si fragile, qu'elle semble près de tomber en poussière. Elle est pourtant là depuis des siècles dont l'homme ne sait pas le chiffre, et, quand on touche les fines aspérités de ce géant de charbon et de cendres, on s'aperçoit qu'il a une résistance et une dureté presque métalliques.

Ces sortes de scories gigantesques sont ce que les géologues appellent des *dykes*. Ils sont nombreux dans le Vélay et dans cette partie de l'Auvergne. Ce sont de véritables monuments de la puissance des matières volcaniques vomies à l'état liquide à l'époque des grandes déjections de la croûte terrestre. Le travail des eaux courantes a entraîné les autres matières environnantes qui n'avaient pas la même compacité, et le dyke, soit cône, soit tour, soit masse carrée ou anguleuse, est resté debout, gagnant en profondeur de siècle en siècle, à mesure que l'érosion dépouillait sa base. C'est ce qui fait dire avec raison aux paysans de ces localités que les grosses pierres poussent toujours. On ne sait pas ce qu'il faudrait de siècles encore pour mettre à découvert les racines incommensurables de ces étranges édifices, déjà si imposants et encore si intacts, des convulsions de l'ancien monde.

Je me souvenais d'avoir remarqué celui-ci et d'en avoir parlé autrefois à M. Butler. Qui sait si, pour la première fois, il ne venait pas l'examiner? J'avais vanté à Love le site sauvage où il se trouve, la légère arche du pont rustique qui le touche, les flots impétueux et limpides du torrent qui le ronge, et sur les bords duquel se dressent d'autres dykes moins élevés, mais de la même forme et de la même apparence fragile, avec des cheminées volcaniques tordues en spirale, de gros bouillonnements noirs et luisants comme du fer liquéfié et figé dans la fournaise, des bouches béantes s'ouvrant de tous côtés dans le roc, et une couleur tantôt noire comme la houille, tantôt rouge semée de points blancs, comme une braise encore ardente où l'on croirait voir voltiger la cendre, si le toucher ne vous prouvait pas qu'elle est adhérente et vitrifiée.

L'idée que je devais trouver Love au pied de ce dyke s'empara tellement de moi, que je dévorai le chemin pour l'atteindre. Je regardais la trace des roues sur la pouzzolane, et, au milieu des larges raies molles laissées par les petits chariots du pays, je voyais distinctement des coupures plus étroites et plus profondes qui ne pouvaient être que les empreintes d'une berline également chargée. Enfin, au-dessus des arbres épais qui laissent à peine apercevoir le beau torrent de la Couze, et au-dessus des maisonnettes du village de la Verdière, semées sur les inégalités du sol, j'aperçus la tête rougeâtre du dyke semblable à un gigantesque tronc d'arbre que la foudre aurait frappé et déchiqueté; mais il n'y avait pas là de voiture arrêtée, et les traces se perdaient dans le sable noir battu par les piétons et les animaux.

Je n'osais plus faire de questions dans la crainte d'inspirer de la méfiance aux habitants et d'être signalé par eux à l'attention de la famille Butler, si elle venait à se trouver dans les environs. Je cheminais avec mon petit paquet passé dans un bâton, voulant avoir l'air d'un paysan en tournée d'affaires et non d'un voyageur quelconque en situation de flânerie suspecte. Je descendis au bord de l'eau comme pour me rafraîchir, et je regardai furtivement sous les mystérieux ombrages où la rivière se précipite tout entière d'un seul bond puissant vers la base du dyke. Il n'y avait là que des laveuses à quelque distance du saut. Je vis enfin la trace encore fraîche d'un petit soulier de femme, et tout aussitôt, dans les herbes, un mouchoir brodé au coin du chiffre L. B.

Je m'emparai avec un trouble inconcevable de cette relique, et je repartis aussitôt. Love était venue là il n'y avait peut-être pas un quart d'heure. Je m'élançai sur la route, et, au détour d'un angle de rochers, je vis une voiture élégante et confortable, traînée par deux beaux chevaux, avec deux domestiques sur le siége. L'équipage remontait au pas le cours du torrent. Je le suivis en me tenant à distance convenable. Puis la voiture s'arrêta. Love mit pied à terre avec Hope, et je les suivis d'un peu plus près, éperdu, le cœur en larmes et la tête en feu, mais veillant sur moi-même comme un Indien à la poursuite de sa proie.

Love avait grandi presque d'une demi-tête; mais, comme elle avait pris un peu d'embonpoint, l'ensemble de sa stature avait toujours la même élégance et la même harmonie de proportions. Elle portait toujours ses cheveux courts, frisés naturellement, soit qu'elle voulût par là mettre à profit le temps que les femmes sont forcées de sacrifier à l'entretien et à l'arrangement de leur longue chevelure, soit qu'elle sût que cette coiffure excentrique lui allait mieux que toute autre. On pouvait le penser, car, bien qu'elle fût tout à fait dépourvue de coquetterie, elle était toujours mise avec goût, et la plus austère simplicité ne l'empêchait pas de savoir d'instinct ce qui était à la convenance de sa taille, de son teint et du type de sa physionomie.

Sa démarche était toujours aussi résolue, ses mouvements aussi souples et sa grâce naturelle aussi enivrante. Il me tardait de revoir sa figure. Elle se retourna enfin et se pencha à plusieurs reprises de mon côté pour ramasser des anémones blanches dont elle remplit son chapeau. Comme elle ne faisait aucune attention à moi, je la vis d'assez près pour tout observer. Ah! comme M. Louandre m'avait menti! Elle était dix fois plus belle que je ne me la rappelais.

XVIII

Hélas! elle était gaie, elle était jeune, fraîche, radieuse, insouciante. Sa belle voix claire et son franc rire résonnaient toujours comme une fanfare de triomphe sur les ruines de mon âme et de ma vie. Forte et agile, elle traversait la route en un clin d'œil, allant dix fois d'une berge à l'autre pour faire son bouquet sans se laisser distancer par la voiture. Elle n'avait ni châle ni manteau, et recevait bravement une fraîche ondée dont elle songea pourtant à préserver son frère, car elle envoya le domestique qui les accompagnait à pied chercher dans la voiture un vêtement pour lui. Je vis alors la tête de M. Butler se pencher à la portière. Jeune encore, M. Butler n'avait presque pas vieilli; seulement, ses cheveux gris étaient devenus tout blancs, et rendaient plus vif encore l'éclat de sa figure rose et ronde, type de douceur et de sérénité.

Quant à Hope, il était loin de l'étiolement que m'avait fait pressentir M. Louandre, et qui eût pu le justifier de mes malheurs. Il était à peu près de la même taille que sa sœur, élégant et bien fait comme elle, d'une jolie figure distinguée, à l'expression plutôt polie que douce, car il y avait un éclair d'obstination et de fierté dans son œil bleu. Il était habillé à la mode anglaise, qui condamne aux petites vestes rondes et aux grands cols rabattus des garçons de dix-huit à vingt ans. Hope en avait quinze, et ce costume enfantin n'était pas encore ridicule chez lui, sa carnation étant très-délicate et ses extrémités d'une finesse remarquable. J'observai aussi les valets. C'étaient deux figures nouvelles. Cette circonstance acheva de me rassurer.

Le frère et la sœur marchèrent environ dix minutes devant moi, et prirent bientôt de l'avance sur la voiture, qui montait une côte rapide. J'entendis Love dire au domestique à pied :

— Restez près des chevaux; si le cocher s'endormait... c'est si dangereux !

En effet, le chemin était fort peu plus large que la voiture, le roc montant à pic d'un côté, de l'autre tombant de même en précipice. Instinctivement je me plaçai entre les chevaux et l'abîme, et je vis Love se retourner plusieurs fois; il semblait que ma présence la rassurât; mais bientôt je m'élançai vers elle. Un taureau, à la tête d'un troupeau de vaches, venait à sa rencontre et s'arrêtait en travers du chemin, l'œil en feu, poussant ce mugissement rauque et comme étouffé qui indique d'une façon particulière la jalousie et la méfiance. Le troupeau était sans gardien, et Love avançait toujours, ne faisant aucune attention à la menace de son chef. Hope, armé d'une petite canne, semblait disposé à le provoquer plutôt qu'à reculer devant lui.

Je doublai le pas. Je savais que ces taureaux, élevés en liberté et très-doux avec leurs pasteurs, sont quinteux et s'irritent contre certains vêtements ou certaines figures nouvelles. Hope, courageux et déjà homme par l'instinct de la protection, se plaça entre sa sœur et l'ennemi, leva sa petite canne, et fit mine de frapper; mais, l'animal faisant tête, le jeune homme se jeta de côté et le toucha sur le flanc. Dès lors sa sœur était en grand danger. Le taureau bondit vers Love, qui se trouvait en face de lui. Elle eut peur, car elle fit un grand cri et recula jusqu'au précipice. Par bonheur, j'avais eu le temps d'arriver et d'arracher la petite canne des mains de Hope. J'en frappai le taureau sur le nez. Je savais que, dans notre pays, on se rend maître de ces animaux avec une chiquenaude sur les narines. Le taureau s'arrêta stupéfait, et, comme je le menaçais de recommencer, il tourna le dos et s'enfuit. Restait l'équipage à préserver de sa rancune. Le domestique à pied se réfugia bravement derrière la voiture, et le cocher, ne pouvant prendre du large, rassembla ses chevaux pour les empêcher de s'effrayer. Je suivis le taureau, et je le forçai encore, sans aucun danger pour moi-même, à passer sans attaquer personne. Je vis alors s'élever une sorte de débat entre le frère et la sœur. Hope, mécontent sans doute de ma brusquerie, ne voulait pas que l'on me remerciât, et Love insistait pour que le domestique m'amenât vers elle. Je craignis d'être reconnu, et, passant à ce dernier la canne de son jeune maître, je courus après le taureau, qui s'en allait très-vite et qui pouvait être censé m'appartenir. Dès que je pus trouver un éboulement au précipice, j'y poussai l'animal en y descendant avec lui, puis je me cachai dans les détours de la montagne, laissant le domestique envoyé à ma recherche m'appeler à son aise.

Quand je vis que l'on renonçait à me trouver, je remontai sur la route, et je laissai la voiture me devancer beaucoup. J'arrivai à Saint-Nectaire une heure après la famille Butler, et, entendant dire aux habitants que *les Anglais* avaient été voir les grottes à source incrustante, je continuai mon chemin pour aller me reposer dans une maisonnette de paysan hors du village. Bientôt après, suivant le chemin doux et uni qui passe à travers une double rangée de boursouflures volcaniques, sorte de *via Appia* bordée de petits cratères qu'à leur revêtement de gazon et à leurs croûtes de laves on prendrait pour d'antiques tumulus couronnés de constructions mystérieuses, je m'arrêtai à l'entrée du val de Diane, en face du château de Murol, ruine magnifique plantée sur un dyke formidable, au pied d'un pic qui, de temps immémorial, porte le nom significatif de *Tartaret*.

Puisque mes voyageurs avaient fait halte au dyke de la Verdière, ils ne pouvaient manquer de gravir celui de Murol. Je les vis arriver, et je les devançai encore pour aller me cacher dans les ruines. Je les trouvai envahies par un troupeau de chèvres qui broutaient les feuillages abondants dont elles sont revêtues. On les avait mises là depuis peu, car elles s'en donnaient à cœur joie, grimpant jusque sur les fenêtres et dans les grands âtres de cheminées béantes le long des murs aux étages effondrés. Il m'était bien facile de me dissimuler dans ce labyrinthe colossal, une des plus hautaines forteresses de la féodalité. Vue du dehors, c'est une masse prismatique qui se soude au rocher par une base homogène, c'est-à-dire hérissée de blocs bruts que des mains de géant semblent avoir jetés au hasard dans la maçonnerie. Tout le reste est bâti en laves taillées, et ce qui reste des voûtes est en scories légères et solides. Ces belles ruines de l'Auvergne et du Vélay sont des plus imposantes qu'il y ait au monde. Sombres et rougeâtres comme le dyke dont leurs matériaux sont sortis, elles ne font qu'un avec ces redoutables supports, et cette unité de couleur, jointe quelquefois à une similitude de formes, leur donne l'aspect d'une dimension invraisemblable. Jetées dans des paysages grandioses que hérissent en mille endroits des accidents analogues, et que dominent des montagnes élevées, elles y tiennent une place qui étonne la vue et y dessinent des silhouettes terribles que rendent plus frappantes les teintes fraîches et vaporeuses des herbages et des bosquets environnants.

A l'intérieur, le château de Murol est d'une étendue et d'une complication fantastiques. Ce ne sont que passages hardis franchissant des brèches de rocher à donner le vertige, petites et grandes salles, les unes gisant en partie sur les herbes des préaux, les autres s'élevant dans les airs sans escalier qui s'y rattachent; tourelles et poternes échelonnées en zigzag jusque sur la déclivité du monticule qui porte le dyke; portes richement fleuronnées d'armoiries et à moitié ensevelies dans les décombres; logis élégants de la renaissance cachés, avec leurs petites cours mystérieuses, dans les vastes flancs de l'édifice féodal, et tout cela brisé, disloqué, mais luxuriant de plantes sauvages aux aromes pénétrants, et dominant un pays qui trouve encore moyen d'être adorable de végétation, tout en restant bizarre de forme et âpre de caractère.

C'est là que je vis Love assise près d'une fenêtre vide de ses croisillons, et d'où l'on découvrait tout l'ensemble de la vallée. J'étais immobile, très-près d'elle, dans un massif de sureaux qui remplissait la moitié de la salle. Love était seule. Son père était resté en dehors pour examiner la nature des laves. Hope courait de chambre en chambre, au rez-de-chaussée, avec le domestique. Elle avait grimpé comme une chèvre pour être seule apparemment, et elle était perdue dans la contemplation du ciel chargé de nuées sombres aux contours étincelants, dont les accidents durs et bizarres semblaient vouloir répéter ceux du pays étrange où nous nous trouvions. Je regardai ce qu'elle regardait. Il y avait comme une harmonie terrible entre ce ciel orageux et lourd, cette contrée de volcans éteints et mon âme anéantie, sur laquelle passaient encore des flammes menaçantes. Je regardais cette femme tranquille, enveloppée d'un reflet de pourpre, voilée au moral comme la statue d'Isis, ravie ou accablée par la solitude. Qui pouvait pénétrer dans sa pensée? Cinq ans avaient passé sur cette petite tête frisée sans y dérouler un cheveu, sans y faire entrer probablement un regret ou une inquiétude à propos de moi. Et moi, j'étais là, dévoré comme aux premiers jours de ma passion! J'avais couru sur toutes les mers et par tous les chemins du monde sans pouvoir rien oublier, tandis qu'elle s'était chaque soir endormie dans son lit virginal, autour duquel jamais elle n'avait vu errer mon spectre, ou entendu planer le sanglot de mon désespoir.

Je fus pris d'une sorte d'indignation qui tournait à la haine. Un moment je crus que je ne résisterais pas au désir brutal de la surprendre, d'étouffer ses cris... Mais tout à coup je vis sur cette figure de marbre un point brillant que du revers de la main elle fit disparaître à la hâte : c'était une larme. D'autres larmes suivirent la première, car elle chercha son mouchoir, qu'elle avait perdu, et elle ouvrit une petite sacoche de maroquin qu'elle portait à sa ceinture, y prit un autre mouchoir, essuya ses yeux, et les épongea même avec soin pour faire disparaître toute trace de chagrin sur son visage condamné au sourire de la sécurité. Puis elle se leva et disparut.

Mon Dieu! à quoi, à qui avait-elle donc songé? A son père ou à son frère, menacés dans leur bonheur et dans leur fortune? A coup sûr, ce n'était pas mon souvenir qui l'attendrissait. Elle me croyait heureux, guéri ou mort. Je pris, à la fenêtre brisée, la place qu'elle venait de quitter. Un éclair de jalousie me traversa le cœur. Peut-être aimait-elle quelqu'un, à qui, pas plus qu'à moi, elle ne croyait pouvoir appartenir, et cet infortuné, dont j'étais réduit à envier le sort, était peut-être là, caché comme moi quelque part, mais visible pour elle seule et appelé à quelque douloureux rendez-vous de muets et lointains adieux!

Il n'y avait personne. Le tonnerre commençait à gronder. Les bergers s'étaient mis partout à l'abri. Le pic de Diane, revêtu d'herbe fine et jeté au creux du vallon, dessinait sur le fond du tableau des contours veloutés qui semblaient frissonner au vent d'orage. Je ramassai une fleur d'ancolie que Love avait froissée machinalement dans ses mains en rêvant, et qui était restée là. J'y cherchai puérilement la trace de ses larmes. Oh! si j'avais pu en recueillir une, une seule de ces larmes mystérieuses! il me semblait que je lui aurais arraché le secret de l'âme impénétrable où elle s'était formée, car les larmes viennent de l'âme, puisque la volonté ne peut les contenir sans que l'âme consente à changer de préoccupation.

Quand, après le départ de la famille, je me fus bien assuré, en épiant la physionomie enjouée du père et les allures tranquilles du fils, que ni l'un ni l'autre ne pouvaient donner d'inquiétude immédiatement à miss Love, quand j'eus exploré du regard tous les environs, et que toute jalousie se fut dissipée, je me pris à boire l'espérance dans cette larme que j'avais surprise. Et pourquoi cette âme tendre n'aurait-elle pas des aspirations vers l'amour, des regrets pour le passé? Elle n'était pas assez ardente pour se briser par la douleur, mais elle avait ses moments de langueur et d'ennui, et, si ma passion voulait se contenter d'un sentiment doux et un peu tiède, je pouvais encore émouvoir cette belle statue et recevoir le bienfait caressant et infécond de sa pitié !

Je fus épouvanté de ce qui se passait en moi. Ravagé par cinq années de tortures, j'aspirais à recommencer ma vie en la reprenant à la page où je l'avais laissée.

XIX

Cette larme décida de mon sort, et je m'attachai, sans autre réflexion, aux pas de la famille Butler. Je la suivis de loin au village de Mont-Dore, où l'on m'avait dit qu'elle comptait passer au moins huit jours. J'y arrivai à neuf heures du soir par une pluie diluvienne, et j'allai prendre gîte chez un tailleur de pierres qui avait sa petite maison couverte en grosses lames de basalte à quelque distance du bourg. Je me rappelais cet homme, qui m'avait autrefois servi de guide, et qui m'avait plu par son intelligence prompte et résolue. C'était une bonne nature, enjouée, confiante, brave, un de ces Auvergnats de la montagne qui aiment bien l'argent, mais qui, selon leur expression, *connaissent le monde*, et qui, comptant sur la générosité du voyageur, ne cherchent pas, comme ceux des villages, à l'exploiter et à le tromper.

— François, lui dis-je en entrant chez lui, vous ne me connaissez plus, mais je suis un ancien ami ; j'ai eu à me louer de vous dans d'autres temps, et vous-même, vous n'avez pas eu lieu d'être mécontent de moi. Je suis déguisé, et voici ma bourse que je vous confie, ne voulant pas en être embarrassé dans mes courses. Vous ne perdrez pas votre temps avec moi, si vous voulez me garder le secret, me traiter devant tout le monde comme un de vos anciens amis qui passe par chez vous et qui vous rend visite. Faites que cela soit possible, et que personne dans le pays ne prenne ombrage de moi. Je sais que ce n'est pas aisé, car les guides sont jaloux les uns des autres, et je veux être guide pendant une semaine, sans avoir de querelles qui me forceraient à me faire connaître. Autrefois, vous aviez coutume de dire, quand nous montions ensemble dans les mauvais endroits : « On peut tout ce qu'on veut. »

— Pour le coup, répondit François, sans retrouver votre nom et sans bien me remettre votre figure, je vous reconnais : c'est avec vous que j'ai descendu *par le plus court*, aux gorges d'Enfer, un jour qu'il pleuvait des pierres du haut des puys. Il y a bien de cela huit ou dix ans peut-être.

— Peut-être bien, lui dis-je, ne voulant pas l'aider à retrouver mon nom. Voyons, ce que je vous demande, l'acceptez-vous ?

— Oui, parce que ce ne peut pas être pour faire quelque chose de mal. Ça ne peut être ni pour tuer un homme ni pour enlever une femme mariée, n'est-ce pas ?

— Sur ce qu'il y a de plus sacré au monde, je vous jure que je ne veux rien faire qui soit bien ou mal. Je veux regarder à mon aise et entendre causer une demoiselle avec qui je me marierai peut-être un jour, et qui ne me connaît pas.

— Tiens ! s'écria François, j'ai déjà vu ici une histoire comme ça ! Eh bien, cela se peut ! Avec de l'argent, tout s'arrange, et, quant à la discrétion, vous pouvez compter sur celle de tous mes camarades comme sur la mienne. Laissez-moi faire, et reposez-vous. Séchez-vous, mangez, dormez ; la maison est à votre service.

En un clin d'œil la femme de François fut debout, le feu rallumé, la soupe faite et le fromage servi. Ces bonnes gens voulaient me donner leur lit et aller coucher sur le foin de leur grenier. Je trouvai le foin beaucoup plus à mon gré, et même, ayant découvert un tas de balles d'avoine dans un coin, j'y fis étendre un drap blanc, et je m'y enfonçai comme un sybarite dans des feuilles de roses. Dès le lendemain, on m'avait cousu une paillasse et acheté une couverture neuve. Mon logement était au-dessus de l'étable à vaches et n'avait jamais servi qu'à l'engrangement des petites récoltes de mon hôte. Le chat faisait si bonne garde, que les souris ne m'incommodèrent pas, et que, dans une cabane d'Auvergne, je pus ne pas souffrir de la malpropreté, bien que, rompu à toutes sortes de misères, et à de bien pires que celles-là, je me fusse d'avance résigné à tout.

Il s'agissait pour François de se faire agréer pour guide à la famille Butler, qui ne le connaissait pas. Bien qu'elle fût venue plusieurs fois au Mont-Dore, le hasard avait voulu qu'elle n'eût jamais affaire à lui, et elle ne manquerait pas de redemander ses anciens guides. Il fallait donc décider ceux-ci à nous laisser briguer la préférence, et empêcher tous les autres de faire un mauvais parti à ma nouvelle figure. Ce que François mit en œuvre de prévoyance, de diplomatie et d'imagination, je ne m'en occupai nullement, si ce n'est pour payer sans discussion la condescendance et la discrétion de nos compétiteurs.

Le surlendemain de mon arrivée, tout était arrangé avec d'autant plus de promptitude que le service des guides, porteurs de chaises et loueurs de chevaux, n'était pas encore réorganisé. La saison des bains, qui est aussi celle des touristes, ne commence au plus tôt qu'au 15 juin, quand le temps est beau : nous n'étions qu'au 1er, et le temps était affreux. Durant les dix mois de l'année où les pauvres montagnards de cette région ne vivent pas de la dépense des étrangers, ils exercent une industrie ou une profession quelconque. Aussi chacun était-il encore à son travail, les uns à la scierie de planches de sapin, les autres aux réparations des chemins et sentiers emportés chaque hiver par la fonte des neiges, d'autres encore au commerce des fromages, à la cueillette du lichen sur le Puy-du-Capucin, ou à l'extraction des pierres d'alun de la carrière du Sancy. François eut donc peu de jaloux à écarter, bien que les Butler, étant absolument les seuls étrangers débarqués dans le village, devinssent nécessairement le point de mire des prétentions rivales.

Mon plan improvisé réussissait donc comme réussissent presque toujours les entreprises que l'on ne discute pas. François critiqua seulement mon costume, qui lui parut beaucoup trop neuf pour être porté dans la semaine. Il me prêta une casquette bordée de loutre et une camisole de laine rayée avec un gilet de velours sans manches. Il me fit ôter mes bretelles et les remplaça par une ceinture rouge roulée en corde. Il retailla lui-même ma barbe et mes cheveux à sa guise. J'étais bien pour le moins aussi hâlé que lui, et il fut obligé de me déclarer irréprochable. Cette nouvelle toilette me donnait l'avantage de n'être pas reconnu aisément pour l'homme qui avait repoussé le taureau sur la route de Saint-Nectaire. Aussi, quand je parus devant la famille Butler, ni elle ni ses gens ne songèrent à me remarquer.

Il avait plu toute la veille, les chemins bas étaient inondés, et l'on avait demandé des chevaux; mais, quand on eut gagné le pied de la montagne, on les renvoya : M. Butler aimait mieux marcher, et ses enfants voulaient faire comme lui. On avait pris trois guides : le beau-père de François, qui escortait M. Butler; François, qui suivait Love, et moi, qui avais choisi Hope, n'osant encore me placer si près de sa sœur. Chacun de nous portait une sacoche destinée aux plantes et aux minéraux, un marteau pour les briser, une bêche de botaniste, des vivres pour la collation, plus les manteaux imperméables, les chaussures de rechange, et divers autres ustensiles ou vêtements de promenade.

Je n'avais pas eu besoin des leçons de François pour comprendre en quoi consistait le devoir d'un guide modèle. Marcher toujours devant, en regardant tous les trois pas si l'on doit ralentir ou accélérer son *train*, choisir le meilleur du terrain, écarter les pierres avec le bout du pied sans les faire rouler sur ceux qui vous suivent, se retourner et offrir la main dans les endroits difficiles, et, si le voyageur dédaigne votre aide, s'arc-bouter dans les passages dangereux, de manière à le recevoir ou à le retenir, s'il tombe ou chancelle : tout cela m'eût semblé fort doux et facile, s'il se fût agi de Love; mais j'eus besoin de veiller beaucoup sur moi pour ne pas oublier souvent son orgueilleux frère, lequel affectait de me réduire à l'état de cheval de bât, et me remerciait de la main avec une sorte d'impatience dédaigneuse, quand je lui présentais le bras ou l'épaule. Cependant ce garçon, agile et hardi, n'était pas robuste, et il manquait absolument de prévoyance et de coup d'œil. Deux ou trois fois je le préservai en dépit de lui-même, et, comme il prétendait vouloir toujours prendre les devants, Love s'approcha de moi, et me dit tout bas :

— Mon ami, ne le quittez pas, je vous prie; il n'est pas prudent. Arrangez-vous seulement de manière qu'il ne s'aperçoive pas trop que vous le surveillez bien.

Ce n'était pas une tâche aisée, et, de plus, je la trouvais déplaisante. Il me semblait aussi que ma figure déplaisait au jeune homme, bien qu'il ne songeât en aucune façon à la reconnaître. Peut-être même se trouvait-elle entièrement effacée de son souvenir. Quant à Love, elle ne m'avait pas regardé du tout, et je savais que M. Butler avait fort peu la mémoire des physionomies humaines : il n'avait que celle des noms et des choses.

Love avait, en me parlant, la douceur polie que je me rappelais lui avoir toujours vue avec les inférieurs, mais aussi cette nuance d'autorité que l'on est en droit d'avoir avec un guide bien payé. Elle avait dit : « Mon ami, je vous prie, » comme elle eût dit : « Brave homme, faites ce que je vais vous ordonner. » J'affectais un air simple et des allures rustiques auxquelles il ne m'était pas difficile de donner le caractère indigène le plus fidèle. Je retrouvais aussi sans effort l'accent des montagnes de l'Auvergne, qui n'est pas le *charabia* de convention qu'on nous prête à Paris, mais une sorte de gasconnage orné parfois du grasseyement provençal. Quant au patois proprement dit, je n'en avais pas oublié une locution, et je le parlais avec les autres guides de façon à satisfaire l'oreille la plus méfiante.

Les monts Dore, bien que plus élevés et plus escarpés que les monts Dôme, ne sont pas d'un accès très-difficile en été, même pour les femmes; mais la saison que M. Butler avait choisie pour son excursion les rendait assez périlleux à explorer. Presque partout les sentiers avaient disparu, et les tourbes épaisses des hautes prairies, détrempées par l'humidité, se détachaient par énormes lambeaux qui menaçaient de nous engloutir. Le pied ne trouvait pas toujours sur le sol la résistance nécessaire pour se fixer, et par endroits il fallait escalader des éboulements de roches et d'arbres dont notre poids hâtait la chute. Quand le terrain n'était pas trop rapide, c'était un jeu, même pour M. Butler, qui était resté excellent piéton, et qui se piquait à bon droit d'avoir le *pied géologue;* mais par moments, sur des revers presque verticaux, je ne voyais pas sans trembler l'adroite et courageuse Love se risquer sur ces masses croulantes.

C'est cependant la seule époque de l'année où l'on puisse jouir du caractère agreste et touchant de ce beau sanctuaire de montagnes. Aussitôt que les baigneurs arrivent, tous ces sentiers, raffermis et déblayés à la hâte, se couvrent de caravanes bruyantes; le village retentit du son des pianos et des violons, les prairies s'émaillent d'os de poulet et de bouteilles cassées; le bruit des tirs au pistolet effarouche les aigles; chaque pic un peu accessible devient une guinguette où la *fashion* daigne s'asseoir pour parler turf ou spectacle, et l'austère solitude perd irrévocablement, pour les amants de la nature, ses profondes harmonies et sa noblesse immaculée.

Nous n'avions rien de pareil à redouter au milieu des orages que nous traversions, et j'entendais dire à Love qu'elle aimait beaucoup mieux ces chemins impraticables et ces promenades pénibles, assaisonnées d'un peu de danger, que les sentiers fraîchement retaillés à la bêche ou battus par les oisifs.

— J'aime aussi le printemps plus que l'automne ici, disait-elle à son père. Les profanations de l'été y laissent trop de traces que l'hiver seul peut laver et faire oublier. Dans ce moment-ci, le pays n'est pas à tout le monde; il est à ses maîtres naturels, aux pasteurs, aux troupeaux, aux bûcherons et à nous, qui avons le courage de le posséder à nos risques et périls. Aussi je me figure qu'il nous accueille en amis, et que rien de fâcheux ne nous y peut arriver. Ces herbes mouillées sentent bon; ces fleurs, toutes remplies des diamants de la pluie, sont quatre fois plus grandes et plus belles que celles de l'été. Ces grandes vaches, bien lavées, reluisent au soleil comme dans un beau tableau hollandais. Et le soleil! ne trouvez-vous pas que, lui aussi, est plus ardent et plus souriant à travers ces gros nuages noirs qui ont l'air de jouer avec lui?

Love avait raison. Cette nature, toute baignée à chaque instant, était d'une suavité adorable. Les torrents, pauvres en été, avaient une voix puissante et des ondes fortes. Le jeu des nuages changeait à chaque instant l'aspect des tableaux fantastiques, et, quand la pluie tombait, les noirs rideaux de sapins, aperçus à travers un voile, semblaient reculer du double, et le paysage prenait la vastitude des grandes scènes de montagnes.

XX

Comme *mes voyageurs* (c'est ainsi que je pouvais les appeler, de ce ton de propriétaire qui est particulier aux guides) connaissaient le pays, ils n'étaient pas pressés de refaire les promenades classiques, et ils allaient en naturalistes, étudiant les détails, cherchant à explorer des parties qui ne leur étaient pas familières et qui n'étaient guère explorables. Cependant, quand nous fûmes arrivés sur les hauts plateaux, tout danger cessa, et je pus abandonner mon jeune maître à lui-même.

Ces plateaux, souvent soutenus par des colonnades de basalte comme celles de mon vallon natal de la Roche, sont beaucoup plus élevés et plus poétiques. Ce sont les véritables sanctuaires de la vie pastorale. Le gazon inculte qui revêt ces régions fraîches s'accumule en croûtes profondes, sur lesquelles chaque printemps fait fleurir un herbage nouveau. Les troupeaux vivent là quatre mois de l'année en plein air. Leurs gardiens s'installent dans des chalets qu'on appelle burons (et burots), parce qu'on y fait le beurre. On marche sans danger, mais non sans fatigue, dans ces pâturages gras et mous, sous lesquels chuchotent au printemps des ruisselets perdus dans la tourbe. Là où règne cette herbe luxuriante et semée de fleurs, mais dont le sous-sol n'est qu'un amas de détritus inféconds, il ne pousse pas un arbre, pas un arbuste. Ces énormes étendues sans abri, mais largement ondulées, quelquefois jetées en pente douce jusqu'au sommet des grandes montagnes, d'autres fois enfermées, comme des cirques irréguliers, dans une chaîne de cimes nues, ont un caractère particulier de mélancolie rêveuse. La présence des troupeaux n'ôte rien à leur grand air de solitude, et le bruit monotone de la lente mastication des ruminants semble faire partie du silence qui les enveloppe.

Love se jeta sur l'herbe auprès d'une troupe de vaches qui vinrent flairer ses vêtements et lécher ses mains pour avoir du sel. Ces belles bêtes étaient fort douces; mais je vis Love de si près entourée par leurs cornes, qu'il me fut permis de m'approcher d'elle pour la débarrasser au besoin de trop de familiarité. Je me tins cependant de manière à éviter son attention, redoutant toujours le premier regard qu'elle attacherait sur moi, et voulant éprouver d'abord l'effet de ma voix. Me sentant là, elle m'adressa plusieurs questions sur les habitudes de la prairie, les mœurs des chalets, et même elle me demanda si j'avais été gardeur de troupeaux dans mon enfance. Je n'hésitai pas à répondre oui, et, comme je pouvais parler *ex professo* de ces choses qui diffèrent pourtant de celles de ma localité, mais que j'avais eu le loisir d'étudier là en d'autres temps, mes réponses parurent naturelles. Ma voix ne disait plus rien au cœur de Love. Elle causa avec moi comme avec un étranger, avec un paysan quelconque. En ce moment, le soleil frappait très-fort sur elle, et je voyais la sueur perler sur son front; j'ouvris un grand parapluie dont j'étais muni, et je le tins sur sa tête. Elle ne prenait jamais aucune de ces précautions pour elle-même; mais elle pensa que je voulais gagner ma journée en conscience, et elle me laissa faire. Je lui demandai si elle avait soif, et, sans trop attendre la réponse, je courus traire une chèvre dans ma tasse de cuir. Elle prit en souriant ce que je lui offrais, et, après avoir bu, elle m'envoya auprès de son père et de son frère pour leur proposer de goûter cet excellent lait. Me trouvait-elle importun, comme le sont certains guides trop attentionnés? Dans tous les cas, elle ne parut pas vouloir me le faire sentir, car, lorsque je revins auprès d'elle, Love me parla encore pour me demander si j'avais femme et enfants. Je lui répondis à tout hasard que j'avais une belle grande femme presque aussi blanche qu'elle, trois filles et deux garçons. Je commençais à m'amuser de ma douloureuse situation, et j'étais préparé à tous les mensonges.

— En ce cas, me dit-elle, vous aimez beaucoup votre femme, une femme qui est belle et qui vous élève de beaux enfants?

— Sans doute je l'aime beaucoup, répondis-je; mais elle a un défaut, c'est qu'elle est indifférente.

— Comment, indifférente? Elle ne vous aime pas autant que vous l'aimez? Est-ce là ce que vous voulez dire?

— C'est bien là ce que je veux dire. J'ai une femme comme il y en a peu, voyez-vous! une femme qui ne pense qu'à son travail et à ses enfants. Elle aime aussi ses père et mère, ses frères et sœurs; mais, quant au mari, c'est par-dessus le marché.

— Vous avez l'air d'être jaloux d'elle; peut-être que cela vous rend injuste?

— Je serais bien jaloux comme un diable, si elle m'en donnait sujet; mais je sais qu'elle est sage, et, d'ailleurs, voyez-vous, aimer un autre homme que moi, ça lui donnerait trop de peine. Il y en a comme ça qui ne peuvent pas loger deux sortes d'amitiés à la fois.

— Je ne vous comprends pas bien, reprit Love en cherchant à me regarder.

Mais je me méfiais, et, assis en pente à deux pas au-dessous d'elle, je ne relevais pas la tête pour lui parler.

— Vous pensez donc, ajouta-t-elle, que l'amitié est peu de chose en ménage?

Et, comme si je fusse devenu tout à coup pour elle un sujet d'étude, elle me demanda quelle si grande différence je pouvais faire entre l'*amitié* que m'accordait ma femme et celle que je semblais exiger. Elle s'exposait à d'étranges réponses de la part d'un rustre; mais ou sa candeur ne les lui laissait pas prévoir, ou mon ton sérieux la rassurait.

J'avais beaucoup à faire pour m'expliquer, sans sortir de mon personnage naïf et sans trahir le besoin que j'avais de lui arracher quelque réflexion sur sa manière de sentir un sujet si délicat.

— Il y a bien des sortes d'amitié, lui répondis-je. Il y en a une tranquille comme celle de ce petit ruisseau qui coule là tout endormi sous vos pieds, et il y en a une autre qui mène grand train, comme la cascade que vous entendez d'ici. Je ne suis pas assez savant pour vous dire d'où vient la différence; mais elle y est, n'est-ce pas? Je sais bien que je me tourmente de tout ce qui peut tourmenter ma femme, et que, si je la perdais, ce ne seraient pas mes enfants qui me la remplaceraient, tandis qu'elle, rien de ce qui peut m'arriver à moi tout seul ne la tourmente, et, si je mourais, pourvu que les petits se portent bien et ne manquent pas de pain, elle conserverait sa bonne mine, et ne penserait pas plus à moi que si elle ne m'avait jamais connu.

— Je crois, répondit Love attentive, que vous vous trompez, et qu'une femme ne peut pas être aussi indifférente pour un bon mari. Je pense que vous vous tourmentez vous-même dans la crainte d'être trop content de votre sort, et cela m'étonne. Est-ce que vous n'aimez pas le travail, qu'il vous reste du temps pour vous creuser ainsi la tête?

Nous fûmes interrompus par Hope, qui lui dit en anglais:

— Eh bien, que faites-vous donc là en conversation sérieuse avec ce guide?

— Sérieuse? répondit Love en riant. Eh bien, c'est la vérité, je parle philosophie et sentiment avec lui. Il est très-singulier, cet homme, trop intelligent peut-être pour un paysan, et pas assez pour savoir être heureux.

Et elle ajouta en latin :

— *Heureux l'homme des champs, s'il connaissait son bonheur!*

Puis elle lui demanda en anglais s'il n'avait pas les pieds mouillés, et, se levant, elle reprit avec lui sa promenade de la prairie.

Je les suivais et j'écoutais avidement tout ce qu'ils pouvaient se dire. J'entendais désormais parfaitement leur langue, et, comme je ne leur inspirais aucune méfiance, je pouvais et je m'imaginais devoir surprendre entre eux, à un moment donné, le mot de mon passé et celui de mon avenir; mais je n'appris rien. Ils ne parlèrent que de botanique, et à ce propos ils mentionnèrent un certain classement, absurde selon Hope, ingénieux selon Love, que prétendait tenter M. Junius Black. J'avais oublié ce personnage, et son nom me frappa désagréablement, surtout parce que Love le défendait contre les dédains scientifiques de son frère. Ils en parlèrent comme de leur commensal accoutumé; mais sans que je pusse savoir où il était en ce moment et pourquoi il ne se trouvait pas avec eux. Je n'avais pas pensé à m'enquérir de lui à Bellevue. Peut-être y était-il resté, fixé aux précieuses collections comme un papillon à son épingle.

Pendant huit jours entiers, je suivis ainsi la famille Butler en promenade, toujours chargé comme un mulet et toujours attaché aux pas du jeune homme. J'échangeais pourtant chaque jour quelques mots avec Love, qui me plaisantait sur ce qu'elle appelait mon humeur noire. Quand elle parlait de moi dans sa langue avec son frère, elle disait que mes raisonnements et mon amour conjugal l'intéressaient; mais elle prétendait avoir une préférence pour François, dont l'humeur insouciante et les lazzi rustiques la tenaient en gaîté. Hope ne me parlait jamais que pour me donner des ordres ou pour me prier d'un ton poli et bref de ne pas le toucher. M. Butler était toujours la douceur et la bonté mêmes. Il ne paraissait pas me distinguer des autres guides, et il nous parlait à tous trois du même ton paternel et bienveillant.

Au bout de ces huit jours, durant lesquels, de neuf heures du matin à sept heures du soir, je ne perdais pas de vue un mouvement de Love, je fus bien convaincu qu'elle n'avait pas eu une pensée pour moi, puisqu'elle ne s'avisa pas une seule fois de remarquer ou de faire remarquer ma ressemblance avec le malheureux qu'elle avait connu. Je la vis toujours absorbée par l'étude de la nature, par le soin de montrer à son père tout ce qu'elle pouvait trouver d'intéressant, ou de le consulter pour le distraire de trop de rêverie. Quant à son frère, elle me sembla ne plus s'en occuper avec inquiétude. Elle avait pris toute confiance dans ma manière de l'escorter.

Un jour, enfin, elle m'accorda tout à fait son attention, et elle dit à son père en anglais que, si je n'étais pas le plus divertissant des trois guides auvergnats, j'étais à coup sûr le plus empressé, le plus solide et le plus consciencieux.

— C'est bien, répondit M. Butler, il faudra lui donner à l'insu des autres un surcroît de récompense, à ce brave garçon-là!

— Oui, certes, je m'en charge, reprit Love. Je veux lui acheter une belle robe pour sa femme, dont il est amoureux fou après cinq ans de mariage. Savez-vous que c'est beau d'être si fidèle, et qu'il y a dans ce paysan-là quelque chose de plus que dans les autres!

— Eh bien, répliqua M. Butler, dites-lui de nous conduire demain dans sa maison. Vous serez bien aise de la voir, sa femme, et peut-être saurez-vous leur dire à tous deux quelque bonne parole, vous qui avez toujours de si bonnes idées dans le cœur!

Love s'adressa alors à moi en français, et me demanda de quel côté je demeurais. J'étais un peu las de feindre. J'échangeai un regard avec François, et il répondit pour moi que je ne demeurais pas dans le pays même. Et puis, averti par un second coup d'œil, il rompit la glace, ainsi que nous étions convenus de le faire à la première occasion.

— Mon cousin Jacques, dit-il en me désignant, demeure du côté de Velay, dans un endroit que vous ne connaissez peut-être pas, et qui s'appelle la Roche.

— La Roche-sur-Bois? demanda Love avec une certaine vivacité.

— Oui, répondis-je. Est-ce que vous êtes de par là? Peut-être que vous avez entendu parler du propriétaire des bois où je travaille quelquefois, quand je ne viens pas chercher de l'ouvrage par ici, M. Jean de la Roche? Connaissez-vous ça?

— Oui, répondit brièvement Love en attachant sur moi le premier regard que j'eusse encore pu surprendre ou obtenir d'elle.

Et elle resta interdite, comme si pour la première fois elle s'avisait de la ressemblance.

— Eh bien, qu'est-ce que vous avez, ma chère? lui dit en anglais M. Butler en me regardant aussi,

— Vous ne trouvez pas, répondit Love, que cet homme a les mêmes yeux et le même front,... et aussi quelque chose du sourire triste de notre pauvre Jean?

Elle se détourna vite; mais je sentis sa voix émue, et ses paroles entrèrent dans mes entrailles comme une flèche.

— Je crois que vous avez raison, répondit M. Butler. J'y avais déjà pensé vaguement, et à présent je ne trouve rien là d'extraordinaire.

— Pourquoi? reprit Love avec animation.

— Parce que... Mon Dieu, ma chère, vous n'êtes plus un enfant, et on peut vous dire cela. Le père de notre pauvre ami était jeune et un peu trop... comment vous dirai-je?... un peu trop jeune pour sa femme, qui était modeste en ses manières et contenue dans sa jalousie. Il courait un peu les environs, et l'on dit que beaucoup de villageois de ses domaines ont un air de famille... Voilà du moins ce qui se voit dans plusieurs localités seigneuriales, et ce que M. Louandre m'a raconté en me disant qu'avant et même depuis la mort de son mari, la pauvre comtesse de la Roche avait vécu dans les larmes d'une jalousie muette et inconsolée. Et c'est pourquoi, chère Love, autant vaut rester fille, comme vous l'avez résolu, que de se jeter dans le hasard des passions.

— Oui, reprit Love en s'asseyant au bord d'un beau réservoir d'eau de roche, où bondissaient des truites brillantes comme des diamants; je vois, par l'exemple de ce paysan jaloux de sa femme, que la passion peut troubler même le mariage, et, par ce que vous m'apprenez des chagrins de la pauvre comtesse, je vois aussi que le veuvage et la solitude ne guérissent pas de ces déchirements-là?

Elle prononça ces mots avec une tristesse qui me frappa. J'étais fort ému de la révélation que M. Butler venait de me faire des causes de l'étrange abattement où j'avais vu ma pauvre mère vivre et mourir, et en même temps je croyais voir percer un regret dans les réflexions de Love sur le veuvage du cœur. Nous étions auprès d'une scierie de planches, au penchant d'une verte montagne boisée. Ces usines rustiques sont très-pittoresques dans les monts Dore. Celle-ci était dans un site d'une rare poésie, et la famille y faisait halte pour prendre sur l'herbe sa collation portative de chaque jour. Nous étions chargés de trouver à cet effet de l'eau de source et une belle vue, ce qui n'était pas difficile, et nous servions nos voyageurs avec zèle; mais, aussitôt que tout était à leur portée, ils nous faisaient asseoir tous trois assez près d'eux, et Love nous passait avec beaucoup de soin et de propreté la desserte, qui était copieuse.

Au moment où Love et son père s'entretenaient comme je viens de le rapporter, François lui improvisait un siége et une table avec des bouts de planche. Je feignis de trouver qu'il ne s'y prenait pas bien, et je m'approchai d'elle pour voir l'expression de son visage; mais elle se détourna vivement, et il sembla que, comme au château de Murol, elle faisait un grand effort sur elle-même pour retenir une larme furtive. Quelques instants après, elle me regarda en prenant de mes mains la petite corbeille qui lui servait d'assiette pour déjeuner, et elle dit à son père en anglais :

— Alors ce serait là un frère de Jean?

Et, sans attendre la réponse, elle me demanda si j'avais connu le jeune comte de la Roche.

— Comment donc ne le connaîtrais-je pas, répondis-je, puisque je demeure à une lieue de chez lui? Mais il y a longtemps qu'il est parti pour les pays étrangers.

— Où il s'est marié?... reprit-elle vivement.

— Quant à cela, répliquai-je résolûment, on l'a dit, comme on a dit aussi qu'il était mort; mais il paraît que l'un n'est pas plus vrai que l'autre.

— Comment! s'écria-t-elle, qu'en savez-vous? Vous n'en pouvez rien savoir. Est-ce qu'il a donné de ses nouvelles dernièrement?

— La vieille gouvernante du château, qui est ma tante, en a reçu il n'y a pas plus de huit jours, et elle m'a dit : « On nous a fait des mensonges, notre maître n'a pas seulement pensé à se marier. »

— Mon père, s'écria Love en anglais et en se levant, entendez-vous? On nous a trompés! Il vit, et peut-être pense-t-il toujours à nous!

— Eh bien, ma fille, dit M. Butler un peu troublé, s'il vit, grâces en soient rendues à Dieu; mais, s'il n'est pas marié,... qu'en voulez-vous conclure?

— Rien,... répondit Love froidement, après une courte hésitation.

Et, s'adressant à moi, elle m'ordonna d'aller chercher son frère.

J'eus en ce moment un accès de rage et de haine contre elle. Je me dirigeai vers Hope, qui s'oubliait à causer avec les scieurs; je lui dis fort sèchement qu'on l'attendait, et je m'enfonçai dans la forêt, comme pour ne plus jamais revoir cette fille sans amour et sans pitié, qui n'avait rien à conclure de ce qu'elle venait d'apprendre.

Mais François courut après moi; le brave homme savait tout mon roman, que par le menu il m'avait bien fallu lui confier.

— Où allez-vous? me dit-il. Venez donc! elle parle

de vous! elle veut vous demander si M. Jean doit revenir bientôt de ses voyages. Elle me l'a demandé, à moi; mais, ne sachant pas ce que vous voulez qu'on dise là-dessus, j'ai répondu que je n'en savais rien. J'ai dit pourtant que je le connaissais, ce pauvre M. de la Roche, que je m'étais souvent promené avec lui, et que j'avais entendu dire qu'il avait eu depuis des peines d'amour pour une demoiselle trop fière qui ne l'aimait pas. Enfin j'ai parlé, je crois, comme il fallait parler.

— Et qu'a-t-elle dit de cela, elle?

— Elle m'a demandé si je savais ou si vous saviez le nom de cette demoiselle; à quoi j'ai dit : « Non, » et elle a paru tranquille.

— Eh bien, puisqu'elle est tranquille, laissons-la dans sa tranquillité! Ne répondez plus à aucune question, ne songez plus à me servir. Je m'en vais, je retourne chez vous, et demain je pars.

— Non pas, non pas! s'écria François en me retenant; elle parle très-vivement de vous avec son frère. Je ne comprends pas ce qu'ils se disent, mais j'entends votre nom à tout moment. Ils ont l'air de se disputer. Il faut au moins que vous sachiez ce qu'ils pensent de vous. Revenez, revenez vite; car, si vous partiez comme ça fâché, elle pourrait bien se douter que c'est vous qui étiez là, et le père pourrait bien à son tour se fâcher contre moi. Souvenez-vous que vous m'avez juré que, dans toute cette affaire, je ne serais pas compromis, et que ça me ferait grand tort dans mon état de guide, si on savait que je me suis mêlé d'histoires d'amour.

François avait raison, et, d'ailleurs, ma fierté se révoltait à l'idée que l'on pouvait me deviner après m'avoir dédaigné si ouvertement. Je revins après avoir cueilli des fruits de myrtile, que M. Butler aimait beaucoup, et il me remercia en disant :

— Cet excellent garçon pense à tout! Vraiment, on voudrait l'avoir à son service! Jacques, quand vous voudrez travailler chez moi, je ne demeure pas très-loin de votre endroit, vous n'avez qu'à venir; vous serez bien reçu!

— Oui, oui! ajouta Love; qu'il vienne, et qu'il amène sa femme! J'ai grande envie de la connaître.

Je m'imaginai qu'en disant cela, elle avait une intention malicieuse et qu'elle m'avait reconnu, car il y avait sur ses lèvres je ne sais quel mystérieux sourire qui me fit trembler de la tête aux pieds. Je regardai Hope : il ne prenait pas garde à moi, et il avait l'air de bouder sa sœur, qui, peu d'instants après, lui fit des caresses, et réussit à l'égayer sans paraître songer à me questionner sur le retour prochain ou possible de Jean de la Roche.

XXI

Une heure après, nous redescendions vers un vallon du fond duquel s'élève une colline verte, jadis couronnée par une forteresse. C'est la Roche-Vendeix, un cône dans une coupe profonde, comme le Puy-de-Diane auprès de Murol. L'antique forteresse de Vendeix a aussi une histoire, mais tout vestige a disparu. Love voulut monter jusqu'à l'emplacement couvert d'arbustes pour se faire une idée de la situation stratégique, et elle monta en dépit d'une averse assez serrée. Je pouvais l'y suivre, car M. Butler et son fils, un peu fatigués tous deux, s'étaient mis à l'abri sous un hangar en paille auprès d'une maisonnette du hameau et n'avaient aucun besoin de moi; mais j'étais dans un de mes accès d'aversion et de ressentiment, et je n'aspirais qu'à voir la fin de cette odieuse journée. Je regardais donc avec une indifférence dédaigneuse miss Love, enveloppée de son léger manteau de caoutchouc, la tête couverte du capuchon, gravir légèrement le cône, plus ressemblante de loin à un petit capucin qu'à une belle fille, et je m'efforçais de la trouver disgracieuse et ridicule, lorsque mon nom, prononcé par Hope, me rendit attentif à l'entretien du jeune homme avec son père. J'étais à l'abri d'eux, contre une charrette où je m'appuyai dans l'attitude d'un homme qui dort, et je ne perdis pas un mot de leur conversation en anglais.

— Je vous jure, disait Hope, qu'elle regrette de ne s'être pas mariée, et que ce Jean de la Roche lui a laissé des souvenirs.

— Moi, reprit le père, je vous jure que vous vous exagérez les souvenirs et les regrets qu'elle peut avoir.

— Eh bien, admettons que j'exagère. Il n'en est pas moins vrai qu'elle n'est pas sans souvenirs et sans regrets, et que, par conséquent, elle n'est pas heureuse et qu'elle s'en prend à moi, quoiqu'elle ne l'avoue pas. Je vois bien que, toutes les fois que le hasard ramène ce souvenir-là, elle me regarde avec des yeux tristes, et qu'elle s'ennuie avec nous, comme le jour où nous avons été voir les ruines de Murol. Souvenez-vous... Nous avions parlé de M. de la Roche à propos du dyke de la Verdière... Je l'ai plaisantée à cause du souvenir étonnant qu'elle avait gardé des descriptions de M. Jean, et elle a boudé, elle qui ne boude jamais; vous-même, vous en avez fait la remarque.

M. Butler garda quelques instants le silence, et reprit la parole avec une sorte de solennité que je ne lui connaissais pas.

— Mon fils, dit-il, parlez-vous très-sérieusement ou à la légère?

— Je parle très-sérieusement.

— Vous êtes bien persuadé que votre sœur a des regrets?

— J'en suis persuadé.

— Eh bien, répliqua le père après une nouvelle pause, je vous dirai comme je disais tantôt à votre sœur : Qu'en voulez-vous conclure?

— Que vous a-t-elle répondu?

— Elle m'a répondu : *Rien*.

— Mais elle a pleuré, s'écria le jeune homme; convenez, mon père, qu'elle a pleuré. Je m'en suis aperçu, moi, quand je suis revenu auprès de vous pour déjeuner, et, comme ce n'est pas la première fois qu'il lui arrive de pleurer en se cachant de moi, j'ai eu du chagrin et même du dépit. Vous me l'avez reproché, et j'avoue que j'ai eu tort. Je vous en demande pardon... Mais avouez aussi qu'il est bien triste de ne pas voir heureuse une personne que l'on aime tant!...

M. Butler prit encore quelques instants pour répondre. Il paraissait faire un grand effort sur lui-même pour rentrer dans la notion du monde social et dans les préoccupations domestiques; mais il sortit vainqueur de cette lutte entre sa justice naturelle et son apathie contemplative, car il parla à son fils avec une sévérité dont je ne l'aurais jamais cru capable.

— Hope, lui dit-il, je n'ai pas l'habitude des reproches ni le goût des réprimandes; vous savez qu'il peut se passer des mois et des années sans que je me départe d'un système de tolérance et de mansuétude que j'ai cru bon jusqu'à ce jour. Eh bien, ce jour où nous voici amène pour moi une découverte, un nouveau point de vue sur ces choses du cœur que vous ne me paraissez pas suffisamment comprendre. Voici pourtant l'âge venu pour vous de ne plus abuser du droit que l'on accorde aux enfants d'émettre des volontés dont ils ne sentent pas la portée et dont ils ne prévoient pas les conséquences. Vous avez été jaloux de mon affection et de celle de votre sœur au point de nous menacer de mourir, si nous admettions un nouveau venu dans la famille...

— Menacer! s'écria Hope; moi! j'ai menacé de mourir?... Pardon, mon père, mais je ne mérite pas ce que vous me dites là. Tout enfant que j'étais, je n'aurais jamais dit une si mauvaise parole, et, si j'ai été malade d'inquiétude et de chagrin, croyez-vous donc que ce soit ma faute?

— Non, ce n'était pas votre faute, et vous n'avez pas menacé volontairement. Votre force morale ne pouvait pas encore réagir contre un mauvais sentiment. Vous étiez trop jeune, et votre santé était trop réellement compromise; mais, aujourd'hui, mon cher Hope, vous vous portez bien et vous avez l'âge de raison. Persistez-vous à interdire à votre sœur le mariage et le bonheur d'être mère?

— Je vois bien, mon père, qu'il y a quelque nouveau projet, et que l'on n'a pas appris sans joie que M. de la Roche n'était ni mort ni marié.

— Eh bien, si Love a ressenti cette joie, et si elle se souvient d'avoir aimé ce jeune homme!...

— Aimé un inconnu! un homme qu'elle a vu huit ou dix fois! Croyez-vous cela possible?

— Oui, je le crois possible, et j'admets que cela soit. Concluez, Hope; j'exige que vous vous prononciez aujourd'hui.

Hope ne répondit pas, et, dans un mouvement de colère et de douleur, il déchira son gant, qu'il tourmentait dans ses mains, et en jeta les deux morceaux par terre.

Cette manifestation irrita M. Butler, qui se leva le visage animé, la voix émue, et, avec cette expansion soudaine et irrésistible des gens qui évitent longtemps les émotions pour les retrouver plus vives et plus impérieuses quand il n'y a plus moyen de reculer :

— Hope! s'écria-t-il, je vois que vous êtes décidément un enfant gâté et un cœur égoïste. Votre sœur s'est sacrifiée à nous deux; moi, je l'ai compris et je me le reproche. Vous, pour n'avoir pas à vous le reprocher, vous affectez de ne pas le comprendre. Eh bien, je vous déclare que vous sentirez aujourd'hui, pour la première fois de votre vie, le blâme et l'autorité de votre père. J'interrogerai ma fille, et je vous jure que, si elle aime quelqu'un, ce quelqu'un-là prendra place à côté de vous dans mon cœur et dans ma famille. Dites-vous bien à vous-même que cela doit être et sera, et, si votre santé doit souffrir du dépit que cela vous cause, sachez que j'aime mieux vous voir mort qu'ingrat et lâche.

Ayant ainsi parlé, M. Butler retomba comme étouffé sur le tas de paille qui lui avait servi de siége. Hope était toujours assis par terre sur des copeaux. Il resta immobile, pâle et le sourcil contracté; puis, après un silence que le père ne voulait pas rompre le premier, le jeune homme se leva comme pour sortir du hangar.

— Vous n'avez rien à répondre? lui dit M. Butler avec effort.

— Non, répondit l'orgueilleux enfant d'un faux air de soumission : puisque vous avez exprimé votre volonté, je n'ai rien à dire.

— Et rien à me promettre?

— J'ai à obéir, vous l'avez dit.

— Obéirez-vous du moins avec le cœur? car la soumission passive que vous affectez ressemble à une protestation!

— Mon cœur n'a rien à voir là dedans que je sache, puisque c'est à lui précisément que vous imposez silence. Permettez-moi de réfléchir sur ce que ma conscience peut avoir à me prescrire.

Et il disparut, laissant son père anéanti.

Dès qu'il se vit seul, M. Butler, qui avait complétement oublié ma présence, fondit en larmes. Je ne pus supporter le spectacle de cette douleur, et je m'approchai de lui, résolu à lui tout avouer, à lui demander pardon des peines que je lui causais et à lui dire adieu pour toujours; mais, dès qu'il me vit, il me prit les mains avec l'expansion d'un père en proie à l'inquiétude.

— Mon brave Jacques, me dit-il, suivez mon fils. Nous nous sommes querellés, et je crains... Je ne sais pas ce que je crains! suivez-le, vous dis-je, et, s'il vous renvoie, ayez l'air de le quitter, mais ne le perdez pas de vue. Allez, mon ami, allez vite! Mais, ajouta-t-il en me rappelant, si vous lui parlez, ne lui dites pas que je suis inquiet. Vous avez des enfants, vous savez qu'il faut avoir quelquefois l'air de ne pas les aimer quand ils ont tort!

J'obéis. Je suivis Hope à distance. Je le vis s'enfoncer dans le bois et se jeter à plat ventre dans les herbes, la tête dans ses mains, et agité de mouvements convulsifs; mais cette crise, que je surveillais attentivement, dura peu : il se releva, marcha au hasard faisant des gestes, et arrachant des poignées de feuillage qu'il semait follement autour de lui. Au bout de quelque cent pas, il se calma, s'assit, parut rêver plutôt que réfléchir profondément, et, se retournant tout d'un coup pour revenir sur ses traces, il m'aperçut à peu de distance de lui.

— Jacques, me dit-il d'une voix brève, venez ici, je vous prie, et dites-moi quelque chose que je veux savoir. Est-il vrai que M. Jean de la Roche soit vivant? Est-il revenu dans son château par hasard! L'avez-vous vu?

— Je n'ai pas dit cela, répondis-je sans songer davantage à copier l'air et l'accent montagnards; j'ai dit qu'il était vivant.

— Et qu'il n'était pas marié? reprit le jeune homme trop préoccupé pour remarquer mon changement de ton.

— Et qu'il n'était pas marié.

— Et où est-il maintenant? Les gens de sa maison doivent le savoir?

— Sa vieille gouvernante le sait.

— Alors, si je vous remettais une lettre pour lui, vous iriez la lui porter tout de suite, et elle la lui ferait parvenir.

— Elle l'aura plus vite si vous la mettez à la poste.

— Y a-t-il un bureau de poste à ce hameau qu'on voit d'ici?

— J'ai remarqué sur la route, beaucoup plus près, une boîte aux lettres.

— Eh bien, attendez, je veux écrire à l'instant même, et vous jetterez la lettre à la boîte sans que personne vous voie. Donnez-moi le nécessaire à écrire qui est dans ma sacoche.

Je fouillai dans la sacoche que j'avais sur le dos, et j'y trouvai ce qu'il demandait. Il écrivit rapidement et d'inspiration, puis il cacheta, et me demanda le nom de la gouvernante; après quoi, il me remit le paquet. Je feignis de m'éloigner, mais je me cachai à trois pas de là et j'ouvris la lettre qui était à mon adresse sous le couvert de Catherine. Elle contenait ce peu de lignes :

« Mon cher comte, je viens de recevoir de vos nouvelles pour la première fois depuis trois ans, et je suis si heureux d'apprendre que vous êtes encore de ce monde, que je veux vous le dire tout de suite. Ne soyez pas étonné de recevoir une lettre de moi, que vous avez peut-être oublié; mais je ne suis plus un enfant, j'ai quinze ans, et je me rappelle les bontés que vous aviez pour moi, ainsi que l'intérêt que vous preniez à ma santé. Elle est excellente maintenant, et ne donne plus d'inquiétude à mes chers parents, qui me chargent de les rappeler à vos meilleurs souvenirs. Tous trois nous avons le sincère désir de vous revoir, et j'espère que vous ne tarderez pas à revenir en France.

» HOPE BUTLER. »

Je remarquai la prudence et la clarté de cette lettre, qui devait me rendre l'espérance sans compromettre personne. Dans le cas où j'aurais cessé d'aspirer à la main de Love, on pouvait mettre les avances que je recevais sur le compte de la simplicité d'un adolescent, et, dans tous les cas, la lettre pouvait être égarée ou montrée sans être comprise par les indifférents.

Cette généreuse et soudaine résolution me donna pourtant à réfléchir. Je craignais de la part de Hope que ce ne fût une réparation désespérée de ses fautes, suivie de quelque funeste parti pris. Je retournai près de lui pour lui dire que j'avais fait sa commission sans être vu, et que, d'après l'heure, je pensais que son père devait songer à se remettre en route. Je le trouvai calme et presque souriant. Son orgueil était satisfait. Il se leva sans rien dire et revint au hangar autour duquel M. Butler errait en consultant de l'œil tous les sentiers; mais le pauvre père s'arma d'un flegme britannique en voyant reparaître l'enfant de ses entrailles. Hope alla droit à lui et lui tendit la main. Ils échangèrent cette étreinte de l'air de deux *gentlemen* qui se réconcilient après une affaire d'honneur, et il n'y eut pas un mot prononcé; seulement, le fils disait assez, par sa physionomie fière et franche, qu'il avait tout accepté, et le père approuvait, sans descendre à remercier, tandis qu'au fond de ses yeux humides il y avait une secrète et ardente bénédiction.

Un instant je me crus le plus heureux des hommes. L'obstacle semblait aplani. Hope était au demeurant un noble esprit et un brave cœur d'enfant. Gâté par trop de tendresse ou de condescendance, il fallait que son naturel fût excellent pour s'être conservé capable d'un si grand effort après une si courte lutte contre lui-même et une si longue habitude de se croire tout permis. M. Butler, en dépit de son besoin d'atermoiements et de sa répugnance à exister dans le monde des faits moraux, était au besoin assez vif dans ses décisions, et, s'il n'était pas capable de lutter avec suite, du moins il savait trouver dans son cœur et dans sa raison des arguments assez forts pour convaincre à un moment donné. D'ailleurs, cette autorité si rarement invoquée ne devait-elle pas paraître plus imposante quand elle faisait explosion? J'eusse donc pu voir l'avenir possible et même riant, si Love m'eût aimé; mais elle m'aimait si peu, ou avec tant de philosophie et d'empire sur elle-même! Sans doute elle m'avait bien peu pleuré, puisqu'une larme d'elle était si remarquée et avait paru un cas si grave à son père inquiet et à son frère jaloux! Et moi, que de torrents de pleurs j'avais versés pour elle! Elle était bonne fille, et ses yeux s'humectaient un peu à mon souvenir; elle parlait de moi avec un certain intérêt, et elle n'avait pas été fâchée d'apprendre que je n'étais pas mort dans quelque désert affreux ou par quelque tempête sinistre : n'avait-elle point dit cependant à M. Louandre que, toute réflexion faite, elle se trouvait plus heureuse dans sa liberté, et que la vie n'était pas assez longue pour s'occuper de sciences naturelles et d'amour conjugal?

Je la vis redescendre la Roche-Vendeix aussi légère qu'un oiseau. Elle avait ôté son vilain capuchon, elle avait retrouvé l'élégance et les souplesses inouïes de sa démarche, et, quand elle allait revenir près de nous, ses yeux seraient aussi purs et son sourire aussi franc que si elle n'eût rien appris sur mon compte. Devais-je poursuivre ma folle entreprise? Ne l'avais-je pas accompli d'ailleurs? Ne savais-je pas ce que j'avais voulu savoir, qu'elle était toujours belle, que je l'aimais toujours, que je n'en guérirais jamais, et qu'elle n'avait pas plus changé de cœur que de figure, c'est-à-dire que je pouvais compter avec elle sur une amitié douce et loyale, mais jamais sur une passion comme celle dont j'étais dévoré?

Je repassais mes amertumes dans mon âme inassouvie, tandis qu'elle approchait du fond du vallon, et que, du haut du chemin, je suivais tous ses mouvements. Tout à coup je la vis glisser sur l'herbe fine et mouillée du cône volcanique, se relever et s'arrêter, puis s'asseoir comme incapable de faire un pas de plus. François, qui ne l'avait pas quittée, mais qu'elle avait devancé, était déjà auprès d'elle. Hope et M. Butler, qui la regardaient aussi venir, s'élancèrent pour la rejoindre; mais j'étais arrivé avant eux par des bonds fantastiques, au risque de me casser les deux jambes.

— Ce n'est rien, ce n'est rien, nous cria-t-elle en agitant son mouchoir et en s'efforçant de rire.

Elle ne s'était pas moins donné une entorse et souffrait horriblement, car, en voulant se forcer à marcher, elle devint pâle comme la mort et faillit s'évanouir. Je la pris dans mes bras sans consulter personne, et je la portai au ruisseau, où son père lui fit mettre le pied dans l'eau froide et courante. Il s'occupa ensuite avec Hope de déchirer les mouchoirs pour faire des ligatures, et, quand ce pauvre petit pied enflé fut pansé convenablement, je repris la blessée dans mes bras et je la portai à la voiture. C'était un étroit char à bancs du pays qui conduisait quelquefois nos voyageurs une partie de la journée par les petits chemins tracés dans les bois, et qui venait les retrouver ou les attendre à un point convenu quand ils avaient parcouru une certaine distance à vol d'oiseau. Un second char à bancs encore plus rustique était loué pour les guides, afin qu'ils pussent suivre la famille et se reposer en même temps qu'elle dans les courses de ce genre que la disposition des rares chemins praticables rendait quelquefois possibles.

Ce jour-là, nous fûmes assaillis par un orage effroyable. Longtemps escortés par un grand vautour roux dont les cris lamentables semblaient appeler la tempête, nous reçûmes toutes les cataractes du ciel sans être mouillés, vu que les bons Butler, dont la voiture était couverte, nous forcèrent de prendre leurs surtouts imperméables. François, qui fut appelé à cet effet, m'apporta le manteau de Love en me disant de sa part que, puisque j'avais eu si chaud pour la porter en remontant le vallon de la Roche-Vendeix, elle voulait me préserver d'un refroidissement.

Nous avions d'excellents petits chevaux bretons qui nous firent rapidement courir le long des rampes de la curieuse vallée de Saint-Sorgues, toute hérissée de cônes volcaniques, plus élevés et plus anciens que ceux de la route de Saint-Nectaire. Jamais je ne vis le pays si beau qu'au début de cet orage, quand la pluie commença à étendre successivement ses rideaux transparents sur les divers plans du paysage avant que le soleil rouge et menaçant eût fini de s'éteindre dans les nuées; mais ce spectacle magique dura peu. L'averse devint si lourde et si épaisse, qu'on ne respirait plus. La foudre même ne pouvait l'éclairer, et nous courions dans un demi-jour fauve et bizarre, oppressés par l'électricité répandue dans l'air, assourdis par le tonnerre et emportés par nos intrépides poneys comme des pierres qui roulent sans savoir où elles vont.

Pour moi, enveloppé du manteau de Love et tout ému encore de l'avoir sentie elle-même contre mon cœur, d'où j'essayais en vain de chasser son culte, je m'assoupissais dans une rêverie fiévreuse et sensuelle, ne me rendant plus compte de rien, et remettant au lendemain la douleur et la fatigue de réfléchir.

XXII

Quand nous fûmes de retour à l'hôtel, je la pris encore dans mes bras pour la porter à sa chambre. Quoique mince de corsage et très-élancée de formes, elle était relativement lourde, comme les corps dont les muscles exercés ont acquis le développement nécessaire à l'énergie physique. Il n'y avait rien d'étiolé dans cette fine nature, et, si l'élégance de sa silhouette la faisait quelquefois paraître diaphane, on était surpris, en la soulevant, de sentir la solidité, on pourrait dire l'intensité de sa vie.

J'avais donc fait un effort surhumain pour remonter avec ce cher fardeau le versant rapide et assez élevé du vallon de la Roche-Vendeix. Je ne m'en étais pas aperçu; mais, quand je montais l'escalier de l'hôtel, je sentis qu'en dépit du repos que j'avais pris en voiture, les forces me manquaient tout à coup pour ce dernier petit effort. Je fus obligé, pour ne pas tomber avec elle, de l'asseoir un instant sur mon genou à la dernière marche. Elle ne s'y attendait pas, et, croyant que je la laissais choir, elle jeta instinctivement ses bras autour de mon cou, et sa joue effleura la mienne. J'étais barbu, poudreux, affreux. Je reculai vivement mon visage, en lui disant de ne rien craindre. Je la repris sur mes deux bras, et je la portai dans sa chambre. Hope courait déjà le village pour chercher le médecin, et les domestiques se hâtaient de préparer un bain de pieds camphré, par l'ordre de M. Butler.

Celui-ci était donc seul auprès de nous, lorsque j'éprouvai la plus étrange surprise de ma vie. Par une inexplicable inspiration de cœur, au moment où je déposais miss Love sur le sofa de sa chambre, et où j'avais encore la figure penchée vers elle, elle me prit la tête dans ses deux mains et appliqua un gros baiser franc et sonnant sur ma joue, en riant comme une folle.

Je restai pétrifié d'étonnement, et M. Butler tomba dans une espèce d'extase assez plaisante, comme si, à l'aspect d'une dérogation aux lois de la physique, il se fût méfié d'une erreur de ses sens.

— Eh bien, dit Love riant toujours, ça l'étonne beaucoup que je l'embrasse, et vous aussi, cher père? Mais réfléchissez tous les deux. Que puis-je faire pour remercier ce pauvre homme, qui succombe sous la fatigue de me porter, c'est-à-dire de m'avoir portée là-bas, où il risquait de tomber mort en arrivant? Quand nous lui aurons donné beaucoup d'argent pour sa femme et ses enfants, serons-nous quittes envers lui? Eh bien, moi, je pensais à cela tout à l'heure, et je me disais: « Quand on s'oblige ainsi les uns les autres, on redevient réellement ce que le bon Dieu nous a faits, c'est-à-dire frères et sœurs, et je veux traiter Jacques comme mon frère, au moins pendant une seconde. Je lui dirai le mot qui résume toute amitié et toute parenté, et ce mot sans paroles, c'est un baiser. » Comprenez-vous, Jacques? et me blâmez-vous, mon père?

— Vous avez raison, ma fille chérie, répondit M. Butler; votre âme est différente de celle des autres! Allez, mon cher Jacques, et au revoir! Vous pourrez dire à votre femme que vous avez été béni par une sainte, car, voyez-vous, cette fille a vingt et un ans, et, sauf mon fils et moi, elle n'avait jamais embrassé aucun homme. Elle n'a pas voulu se marier afin de rester la mère de son frère. Vous avez donc reçu son premier baiser, et c'est celui de la charité chrétienne.

— Que cela vous porte bonheur, bonne demoiselle! dis-je à Love; puissiez-vous vous raviser et trouver un bon mari plus beau que moi, que vous embrasserez avec moins de charité et plus de plaisir!

— Il a de l'*esprit*, dit en anglais Love à M. Butler, pendant que, pour les écouter, je me débarrassais lentement des objets contenus dans la sacoche de Hope.

— Et puis, répondit M. Butler en souriant, il ressemble à quelqu'un que nous connaissons!

Hope arriva avec le médecin des bains, qui constata une simple entorse, prescrivit le repos pour quelques jours, et permit tout au plus les promenades *en fauteuil* après quarante-huit heures d'immobilité absolue.

Mêlé aux domestiques dans le corridor, j'entendis que j'étais condamné à passer quarante-huit heures sans revoir Love, à moins que je ne vinsse à bout de trouver un prétexte pour rester dans l'hôtel, et j'y cherchais déjà avec François une occupation de scieur de bûches ou de commissionnaire, quand M. Butler prit le rôle de la providence de mes amours. Il me rappela pour me charger de lui rapporter, le lendemain, une certaine plante qu'il avait trouvée défleurie sur la montagne *Charbonnière*, et que je lui avais dit avoir vue ailleurs.

Je fus inquiet toute la nuit, non pas tant de l'accident arrivé à Love que de celui qui pouvait se produire dans la santé de son frère. Il avait fait un grand effort sur lui-même après une petite crise nerveuse dont j'avais été témoin. La chute de sa sœur avait fait diversion à ses pensées; mais, quand le pauvre enfant se retrouverait vis-à-vis de lui-même, ne serait-il pas repris, comme autrefois, d'un de ces bizarres accès de fièvre qui avaient fait craindre pour sa vie ou pour sa raison?

Je me relevai à minuit, et j'allai, dans les ténèbres, errer autour de l'hôtel, écoutant les moindres bruits, et m'attendant toujours à surprendre quelque mouvement insolite dans le service.

Tout fut tranquille : à la pointe du jour, une fenêtre s'ouvrit, et je reconnus le jeune garçon aspirant l'air frais de la première aube. Il me vit et m'appela à voix basse.

— Est-ce que vous allez déjà chercher cette plante? me dit-il.

— Oui, monsieur; c'est de ce côté-ci de la vallée.

— Eh bien, attendez-moi. Je veux aller avec vous.

Quelques instants après, il sortit sans bruit de l'hôtel, et nous sortîmes ensemble du village. Hope était un peu pâle, mais sa figure était sereine, et il me traitait avec plus d'aménité que de coutume.

— Vous ne me donnez donc rien à porter? lui dis-je.

— Non, répondit-il, je n'ai besoin de rien. Je veux marcher ce matin pour marcher, voilà tout.

— Vous vous éveillez fièrement de bonne heure, on peut dire.

— Pas ordinairement; mais j'ai fort peu dormi cette nuit.

— Vous n'êtes pas malade, au moins?

— Non, pas du tout. C'est l'effet de l'orage d'hier, pas autre chose?

— Et la demoiselle, vous ne savez pas si elle a dormi?

— Je suis entré plusieurs fois dans sa chambre sans la réveiller. Elle dormait bien.

La conversation tomba, quelque effort que je fisse pour la renouer. Nous gravîmes le ravin de la grande cascade, ascension assez pénible et même dangereuse pour les maladroits. Comme de coutume, Hope ne voulait pas être aidé; mais, en deux ou trois endroits, je le soutins malgré lui. Quand nous fûmes à la chute d'eau, je cherchai la plante, qui était rare à cause de la saison, et la trouvai pourtant assez vite.

— Est-ce bien celle-là? dis-je à Hope en feignant d'hésiter à la reconnaître.

— C'est bien celle-là, répondit-il; vous avez bonne mémoire, Jacques, et vous êtes un excellent garçon, car vous avez porté ma sœur hier avec un courage et un soin dont j'avais besoin de vous remercier.

— Enfin, repris-je, je serais le meilleur des guides, si je n'avais pas l'entêtement de vouloir aider ceux qui n'aiment pas qu'on les touche? N'est-ce pas, monsieur, que c'est comme je dis?

— Eh bien, mon ami, répondit-il en souriant, c'est la vérité. Votre seul défaut est d'être trop prudent.

— Eh! monsieur, si François avait été à son poste hier, votre sœur ne serait pas pour quarante-huit heures à s'ennuyer dans son lit! Et pourtant elle marche très-adroitement, la demoiselle.

— C'est vrai; mais on peut se casser la jambe sans sortir de sa chambre.

— C'est encore vrai; mais il n'y a pourtant pas tant de chances pour ça que dans l'endroit où nous sommes. Voyez! si vous vous oubliez un peu, vous allez faire un saut de quatre-vingts ou cent pieds.

— Ça m'est égal, Jacques; je ne tiens pas tant à ma vie qu'à ma liberté, et, si vous voulez faire un marché avec moi, je vous donnerai, pour me laisser tranquille une fois pour toutes, autant qu'on vous donne pour me surveiller. Cela vous va-t-il?

— Non, monsieur, ça ne me va pas.

— Comment! vous refusez? Savez-vous ce que vous refusez?

— Je refuserais mille francs par heure. Un guide est un guide, monsieur. Il a son honneur comme un autre homme; ce qui lui est commandé par des parents, il doit le faire.

— Ainsi vous avez ce point d'honneur dans votre état, et, s'il me passait par la tête de descendre en courant ce que nous venons de monter, vous m'en empêcheriez?

— Oui, monsieur, et de force, répondis-je avec une dérision qui l'étonna.

Hope Butler était Anglais jusqu'au fond des os. L'idée du devoir avait beaucoup d'ascendant sur lui. Dès ce moment, il changea de manières avec moi, et, abjurant toute morgue, il me traita avec la même familiarité cosmopolite que son père.

— Allons, vous avez là une obstination estimable, dit-il, et je cède. Seulement, touchez-moi légèrement, je suis maigre et douillet malgré moi.

— Un bon guide, répliquai-je, doit avoir des mains de fer doublées de coton. Votre sœur vous a-t-elle dit que je lui eusse fait du mal?

— Ma sœur se loue beaucoup de vous, et elle m'a même dit qu'elle vous avait embrassé pour vous remercier. Cela a dû vous étonner, Jacques; mais il faut que vous sachiez que c'est une coutume dans notre pays, quand une femme se laisse porter par un homme, fût-elle reine et fût-il simple matelot.

— Je ne savais pas ça, répondis-je en riant du mensonge ingénieux de Hope; votre sœur me l'avait expliqué autrement; mais soyez tranquille, je n'en suis pas plus fier.

Hope, tout à fait rassuré, se prit alors d'une confiance extraordinaire en mon bon sens et en ma discrétion.

— Jacques, me dit-il après avoir un peu réfléchi aux questions qu'il voulait m'adresser, vous avez connu particulièrement ce jeune comte de la Roche à qui j'ai écrit hier?

— Oui, monsieur.

— Il était aimé dans son entourage?

— Oui, monsieur, il n'était pas méchant ni avare.

— Cela, je le sais. On m'a toujours dit du bien de lui... Et on a dit aussi qu'il avait eu de grands chagrins.

— Oui, à cause d'une demoiselle qui n'a pas voulu de lui. Tout le pays a su ça.

— Et le nom de cette demoiselle?

— Si je comprends un peu ce que je vois et ce que j'entends, j'ai dans l'idée que c'est la demoiselle votre sœur.

— Pourquoi avez-vous cette idée?

— Parce que j'ai su dans le temps, du moins on disait ça, que la demoiselle était Anglaise, et qu'elle avait un petit frère qui ne voulait pas la laisser marier.

— Et vous en concluez que ce petit frère, c'est moi?

— Oui, monsieur, à moins que la chose ne vous fâche. Vous sentez que ça m'est égal, à moi, ces affaires-là!

— La chose me chagrine, Jacques; mais, comme c'est la vérité, elle ne me fâche pas. Je sais que j'ai eu tort. Que feriez-vous à ma place pour réparer une pareille faute?

— J'écrirais une lettre au jeune homme pour le faire revenir; mais c'est peut-être pourquoi vous avez écrit hier, et vous avez bien fait.

— Et croyez-vous que le jeune homme reviendra?

— Ah! qui peut savoir? S'il croyait que votre sœur se souvient de lui! mais votre sœur doit bien l'avoir oublié.

— Je l'ignore. Avant de le lui demander sérieusement, il me faudrait savoir ce que pense ce M. de la Roche, et, s'il revient, je le saurai.

— Prenez garde de le faire revenir pour rien. Si votre sœur ne veut point de lui, il est capable d'en devenir fou, comme il l'a déjà été.

— Il a été fou! Je ne le savais pas!

— C'est une manière de dire; mais, pendant que vous étiez malade, à ce qu'il paraît, dans ce temps-là, lui, il se cassait la tête contre les arbres. Il était si triste et si défait, que ça fendait le cœur de le voir. Enfin vous pouvez vous vanter d'avoir quasiment tué un homme!

— Eh bien, voilà ce que je ne comprends pas! s'écria Hope très-agité. On peut aimer une mère, une sœur à ce point-là; mais une fille que l'on connaît à peine..., de quel droit vouloir l'enlever à sa famille quand on est un nouveau venu dans sa vie, un étranger pour elle!

— Attendez peut-être un an ou deux seulement, mon jeune monsieur, et vous comprendrez que c'est comme ça, et pas autrement, l'amour!

Hope mit son visage dans ses mains, et s'absorba dans le rêve de l'inconnu.

XXIII

J'avais interrogé une corde qui devait rester muette. Hope n'était pas destiné à connaître les passions, et il est à remarquer que les êtres trop aimés dès leur enfance ont rarement par la suite l'initiative et la puissance morale des grandes affections. Ce jeune homme aimait sa sœur avec une sorte de jalousie passionnée, il est vrai; mais c'est pour le besoin qu'il avait d'elle, de sa société assidue, de ses soins délicats et de ses incessantes prévenances. Il y avait un immense égoïsme dans ce cœur de frère. J'eus assez d'adresse pour en sonder tous les replis, sans me départir de mon air de bonhomie insouciante, et en lui posant des problèmes naïfs. Il ne s'aperçut pas que je le confessais en ayant l'air de le consulter. Je trouvai en lui un grand fonds de personnalité, un continuel premier mouvement qui lui faisait tout rapporter à lui-même, et de vagues désirs de jeunesse combattus par la méfiance envers les femmes. Il les considérait comme des êtres frivoles et dépravés. Son orgueilleuse austérité dominait déjà la révolte des sens, et il était facile de voir que, considérant Love comme une exception, il souffrait de l'idée qu'elle pût descendre aux soins de la famille comme une femme ordinaire. Pourtant, quand je lui fis observer que cette grande intelligence ne dédaignait pas de le servir et de le soigner, ce qui était sans doute fort heureux pour lui, il ne sut que répondre et se mordit les lèvres.

Heureusement pour cette jeune âme, incomplètement épanouie dans la trop douce atmosphère de la *gâterie*, il y avait en elle, ainsi que je l'avais déjà remarqué la veille, un très-noble développement de l'idée du devoir. L'enfant, à défaut des gracieuses sensibilités de l'adolescence, avait des principes au-dessus de son âge, et, quand il avait réfléchi, pour peu que l'on essayât d'éclairer son jugement, il revenait à sa logique tout anglaise, qui était de respecter la liberté des autres pour faire respecter la sienne propre.

Tout en l'amenant à faire devant moi, espèce de borne intelligente dont il ne se défiait plus, son examen de conscience, je comparais intérieurement son adolescence avec la mienne. Émancipé, comme lui, de toute contrainte par une mère absorbée dans ses larmes secrètes autant que M. Butler l'était dans ses chères études, il m'avait manqué, comme à lui, de sentir l'autorité identifiée avec la tendresse; mais, comme la tendresse de ma mère n'était pas démonstrative, je n'avais pas senti comme lui à toute heure combien j'étais aimé, et j'avais éprouvé le besoin impérieux de l'être ardemment par un cœur plus vivant et plus jeune. Cela m'avait peut-être rendu aussi injuste et aussi exigeant envers Love que l'avait été Hope par suite de besoins contraires. Il avait toujours eu sa tendresse; il n'avait pas voulu la partager, parce qu'il n'en concevait aucune autre. Tous deux, nous la voulions tout entière, et la pauvre Love, ne sachant à qui se donner, ne s'était donnée à personne; victime de deux égoïsmes, elle était peut-être devenue égoïste à son tour, en demandant au repos de l'âme et à la sécurité de l'indépendance un bonheur que nous n'avions pas su lui créer.

En résumé, je jugeai Hope parfaitement sain d'esprit et de corps, comme il l'était en effet, et je vis que les seules dispositions inquiétantes à mon égard étaient désormais celles de Love.

Il y avait des moments où je m'imaginais qu'elle m'avait parfaitement reconnu dès le premier jour, et que le baiser de la veille n'était pas l'excentricité d'un cœur charitable ou l'aberration d'une idéale chasteté. Un indifférent eût peut-être préféré ces dernières interprétations pour la gloire de son étrange et angélique caractère; mais moi, amoureux fou, j'eusse préféré l'emportement spontané de l'amour.

Je redevenais humble et accablé en regardant mes mains brunies, déjà dures et gercées par l'absence de soins, mon affreux déguisement, ma laideur relative et volontaire. Et tout à coup je me surprenais ivre de joie, en me persuadant qu'elle pouvait m'aimer encore tel que je me montrais à elle.

Quand je rapportai la plante à M. Butler, il était encore de bonne heure, et sa fille n'était pas éveillée. Nous ne devions pas faire de promenade. On voulait tenir compagnie à la pauvre recluse. On donnait *campo* aux guides. Je pensai qu'un peu d'importunité pour me rendre utile ou agréable quand même me laisserait un grand caractère de vraisemblance, et, cherchant un moyen de me faire rouvrir la porte de l'appartement, j'imaginai de mettre en tête des domestiques anglais de M. Butler une promenade pour leur propre compte. M. Butler ne les emmenait jamais avec lui, et, comme ils étaient préposés à la garde des chevaux et des effets, ils sortaient peu et se gorgeaient de thé et de rhum pour tuer le temps. François, après avoir excité leurs esprits flegmatiques, alla trouver M. Butler pour lui remontrer que ces pauvres garçons avaient bien envie de courir un peu, et que l'occasion était bonne, puisque, forcés nous-mêmes de ne pas sortir ce jour-là, nous pouvions, lui et moi, nous charger du soin des chevaux, et même du service des personnes, si toutefois nous n'étions pas trop désagréables à nos voyageurs. L'excellent Butler accepta d'emblée avec les bonnes paroles qu'il aimait à dire, et qu'il disait sans banalité de bienveillance. Les deux valets prirent la clef des champs. Le beau-père de François se chargea de les mener bien loin, François fut installé à l'écurie, et moi dans l'antichambre de l'appartement des Butler, avec la douce injonction de ne pas m'endormir assez profondément pour ne pas entendre la sonnette.

Toutes choses arrangées ainsi, M. Butler et son fils descendirent pour déjeuner, et Love resta sous ma garde. Il est vrai qu'une femme de la maison se tenait dans sa chambre pour l'aider à sa toilette. Quand cette toilette fut terminée, la servante ouvrit toutes les portes de l'appartement, et je vis Love, en peignoir blanc et en jupe rose, étendue sur une chaise longue, avec une table à côté d'elle, et sur cette table des livres, des plantes, des cailloux, des albums et des boîtes à insectes. Elle rangeait et choisissait des échantillons de laves, et je l'entendis les briser et les équarrir avec le marteau du minéralogiste. Cette tranquillité d'occupations et le bruit sec de ce marteau d'acier dans ses petites mains adroites et fortes me portèrent sur les nerfs.

— Va, lui disais-je en moi-même, passionne-toi pour des pierres, cela est bien dans ta nature, et tu pourrais frapper ainsi sur ton cœur sans crainte de l'entamer!

L'impatience devint si vive, que je me levai, et, parlant à la servante à travers le petit salon qui me séparait de la chambre de Love :

— Marguerite, lui criai-je, vous ne devriez pas laisser la demoiselle se fatiguer comme ça. Apportez-moi donc ces cailloux, c'est mon affaire de les casser!

— C'est donc Jacques qui est là? dit Love à la servante. Par quel hasard? que veut-il?

Et, sans attendre la réponse, elle m'appela.

— Venez, mon bon Jacques, cria-t-elle, venez me dire bonjour.

Et, quand je fus près d'elle, m'informant de son état :

— Je vais très-bien, grâce à vous, reprit-elle. N'ayant point fait un pas, je n'ai pas empiré le mal, et j'espère que ce sera bientôt fini. Et vous? Cela vous fait un jour ou deux de repos que vous ne devez pas regretter : vous devez en avoir besoin. Nous sommes de terribles marcheurs, n'est-il pas vrai? et encore plus désagréables quand nous nous cassons les jambes.

Puis, comme je répondais selon les convenances de mon rôle, elle me regarda attentivement. J'avais eu le courage de laisser ma barbe longue, mes ongles noirs et mon sordide gilet de velours avec les manches de laine tricotée et la ceinture en corde. Je crus qu'elle tâchait de retrouver l'homme élégant et soigné d'autrefois sous cette carapace; mais le résultat de cet examen fut d'une prosaïque bonté.

— Je vois, dit-elle, qu'en tout temps vous portez des vêtements chauds. C'est bien vu dans un climat si capricieux; mais cela doit coûter assez cher. Je veux vous donner deux beaux gilets de flanelle rouge que j'ai là et dont mon père n'a pas besoin. Il en a plus qu'il ne lui en faut pour le voyage. — Marguerite, fouillez, je vous prie, dans cette malle; vous trouverez cela tout au fond.

Et, quand elle eut les camisoles dans les mains, comme je refusais de les prendre :

— Vous ne pouvez pas dire non, reprit-elle; c'est moi-même qui les ai cousues, parce que mon père est très-délicat et trouve que personne ne lui fait comme moi des coutures douces et plates. Voyez, ajouta-t-elle avec une importance enfantine, et comme si elle eût parlé à un enfant, c'est très-joli, ces coutures brodées en soie blanche sur la laine rouge. Si vos camarades se moquent de vous, vous leur direz que c'est la mode.

Mais, tout en babillant avec moi d'un ton de bonne maîtresse, elle reprit son marteau et ses laves. Je les lui ôtai des mains sans façon, à son grand étonnement.

— Demoiselle, lui dis-je, il ne faut pas frapper ainsi; ça vous répond dans votre pied malade. Laissez-moi faire. Est-ce qu'un bon guide ne sait pas échantillonner pour les amateurs et les savants?

— Si vous savez, à la bonne heure! mais prenez bien garde de briser les petits morceaux de feldspath qui sont pris dans le basalte.

— Faites excuse, demoiselle, ça n'est pas du feldspath, répondis-je en ouvrant l'échantillon avec le marteau, ce sont des cristaux de péridot. Voyez!

— Tiens! vous avez raison. Vous savez donc un peu de minéralogie?

— Sans doute! quand on conduit des gens qui savent, on finit par apprendre.

Et je me mis à parler minéralogie avec elle, en estropiant à dessein quelques noms, mais ne me défendant pas de la coquetterie de lui montrer mon savoir.

Elle m'en fit compliment, surtout quand je relevai

quelques erreurs de sa part; mais tout à coup je m'avisai que ces erreurs étaient trop grosses pour n'être pas volontaires, et je me demandai si elle ne me faisait pas subir un examen à moi, Jean de la Roche, pour s'assurer des progrès que j'avais pu faire. Pour changer d'objet, j'allai lui chercher dans l'antichambre un gros bouquet de ményanthe que j'avais ramassé à son intention dans ma promenade du matin.

Elle fit une exclamation de joie et de surprise en voyant en grosse gerbe cette ravissante petite fleur, rare au pays, abondante seulement dans une certaine prairie baignée à point d'eau courante auprès du village.

— Vraiment, vous avez du goût d'avoir songé à cueillir ça! s'écria-t-elle, et vous me faites là un vrai cadeau. J'aime tant les fleurs vivantes!

Elle se fit donner un vase rempli d'eau et y mit toute la gerbe, qu'elle voulut garder auprès d'elle sur la table pour la contempler à tout instant. Cet amour naïf de la nature me frappait en elle. La science n'avait rien desséché dans son âme ouverte à toute beauté, rien appauvri dans son œil d'artiste, aussi prompt à embrasser l'ensemble harmonieux des grandes choses que patient à poursuivre l'intérêt des détails microscopiques.

— Vous pouvez, lui dis-je, garder cette fleur aussi fraîche dans l'eau qu'elle l'est dans la prairie, pendant huit jours au moins. Il est vrai que, dans huit jours, vous ne serez peut-être plus ici!

— J'espère bien que nous y serons encore, répliqua-t-elle. Je m'y trouve si heureuse! Je prie pour que les orages ne finissent pas, et qu'il n'arrive pas de voyageurs.

— Dame! si vous ne voulez pas qu'il en arrive... on pourrait effondrer le chemin et faire verser les chaises de poste!

— Vraiment, Jacques? vous assassineriez un peu sur les chemins pour me faire plaisir?

— Elle me reconnaît, m'écriai-je en moi-même, car voilà que je lui parle d'amour, et, Dieu me pardonne, elle se permet enfin d'être un peu coquette.

Mais tout aussitôt mon illusion tomba, car elle ajouta d'un ton moqueur :

— Mon brave homme, c'est pousser trop loin le dévouement du guide modèle.

Et, comme son père et son frère entraient dans sa chambre, elle leur dit gaîment en anglais :

— Vous voyez, je cause avec Jacques. Décidément, il n'est pas assez paysan pour moi, et il a l'esprit faussé. J'ai mal placé mes affections!

XXIV

Je me retirai furieux dans l'antichambre, et on renvoya la servante. M. Butler et son fils s'installèrent dans la chambre de Love, et, pendant deux ou trois heures, ils travaillèrent ensemble avec une désespérante tranquillité. J'étais sur des charbons ardents, et j'essayais en vain de lire à la dérobée les journaux du matin, que j'allais sans bruit prendre dans le salon qui nous séparait; mais j'étais en quelque sorte identifié avec mon personnage, et je ne savais plus lire. Que m'importait d'ailleurs ce monde des faits européens auquel j'avais cru devoir m'intéresser vivement après des années de lointaine absence? La République venait d'être proclamée, je le savais et ne le comprenais pas, n'ayant suivi qu'à bâtons rompus, et longtemps après coup, la marche des événements et la transition des idées. Il n'y avait pour moi qu'un intérêt au monde, celui de savoir si j'étais aimé ou méprisé par cette femme. Mes pareils devaient se désespérer, se croire sous le couteau de la guillotine. Je ne partageais pas leurs terreurs. Il m'eût suffi des réflexions que j'entendais sortir de la bouche de M. Butler, parlant liberté et tolérance avec ses enfants, pour augurer que les faits accomplis n'entraînaient pas la perte des biens et des personnes; mais il en eût été autrement que je n'eusse pris aucun souci de ma fortune et de ma vie. Le monde n'existait pas pour moi si Love ne m'aimait pas, et, comme le plus souvent j'étais désespéré sous ce rapport, j'eusse regardé une sentence de bannissement comme une chose indifférente, et peut-être une sentence de mort comme un bienfait.

A chaque instant, je me levais pour fuir le leurre de cet amour impossible.

— Que fais-je ici? me disais-je; à quoi bon cette comédie que je joue, et dont elle est peut-être moins dupe que moi-même? Me voilà, ayant tout accepté d'elle et pour elle, des chagrins sans remède, l'exil et jusqu'à la servitude, tout cela pour m'entendre dire que je ne peux pas être pris au sérieux, même sous l'habit d'un paysan!

Le médecin vint faire sa visite; après quoi, M. Butler me rappela.

— Jacques, me dit-il, il est permis à ma fille de sortir demain *en fauteuil*. Il faut vous charger, mon ami, de trouver quatre porteurs pour demain.

— Il n'en faut que trois, répondis-je, je serai le quatrième.

— Allons donc ! est-ce que vous savez porter? me demanda Love avec un étonnement qui me fit l'effet d'une ironie atroce.

— Je croyais savoir! lui répondis-je d'un ton de reproche.

— Vous savez porter les blessés sur vos bras, je ne peux pas en douter sans ingratitude; mais porter en promenade, c'est autre chose, ce n'est pas l'affaire d'un quart d'heure, et c'est trop fatigant.

— Eh bien, je chercherai un homme plus fort, plus adroit et plus dévoué, répondis-je avec amertume.

— Vous voyez comme il est susceptible! dit Love à son frère et à son père; on ne peut pas lui parler comme à un autre guide.

— Il a de l'amour-propre, c'est son droit, répondit Hope toujours en anglais. C'est un guide excellent et un très-honnête homme, je vous en réponds.

— Vraiment? je croyais que vous ne pouviez pas le souffrir, celui-là?

— Pardon! j'ai changé de sentiment. Il me convient tout à fait.

— Eh bien, qu'il porte ou ne porte pas, il viendra avec nous, dit M. Butler.

Et il me donna ses ordres pour le lendemain, en me laissant le soin de tout faire pour le mieux.

— Allez tout de suite, ajouta-t-il. Vous reviendrez ici. Si nous avons besoin de quelque chose, nous appellerons Marguerite.

Je fis vite la commission. Quand je revins, je trouvai M. Butler seul avec sa fille, fort préoccupé, me regardant fixement et me répondant tout à contresens. Je fus saisi d'une grande frayeur. Sans doute on avait interrogé Marguerite sur mon compte, et, comme j'avais négligé de la mettre dans mes intérêts, elle avait dû dire qu'elle ne m'avait jamais vu au mont Dore, ou qu'il y avait si longtemps, qu'elle ne s'en souvenait plus; mais mon malaise fut dissipé par le prompt retour du sans façon paternel de M. Butler.

— Nous n'avons pas encore fixé le but de la promenade et l'heure du départ, me dit-il. Asseyez-vous par là, Jacques, dans le salon; ma fille vient de me dire que vous étiez minéralogiste. Si je l'avais su plus tôt, cela m'eût fait plaisir, car elle dit que vous en savez plus long que les guides ordinaires; votre modestie, chose encore plus rare chez vos confrères, m'a empêché de vous apprécier. Je vous demande maintenant de mettre vos connaissances à notre service. Voici ce que je veux faire. Un de mes amis m'a demandé une petite collection des roches de l'Auvergne, et je veux lui envoyer cela en Angleterre. Nous avons là toute la minéralogie des monts Dore. Ayez l'obligeance de tailler les spécimens de manière à ce qu'ils tiennent dans les compartiments de cette boîte. Ma fille pense que vous pourrez bien les classer par époques géologiques. D'ailleurs, si vous êtes embarrassé, nous sommes là pour vous aider.

J'obéis, et, en sortant de la chambre, je regardai Love attentivement. Il me sembla qu'elle avait pleuré. Dans tous les cas, elle avait eu avec son père une explication, car elle était fort animée, et, tout en cassant et rangeant mes minéraux, je les entendis reprendre un entretien assez suivi; mais le bruit que j'étais forcé de faire et le soin qu'ils avaient de parler à voix basse m'empêchèrent de rien saisir. Pourquoi ne parlaient-ils pas tout haut devant moi comme à l'ordinaire? devinaient-ils que je les comprenais? Il est vrai que Hope, travaillant dans sa chambre, n'était séparé d'eux que par une cloison, et ce pouvait être à cause de lui qu'ils prenaient cette précaution. Je n'en étais pas moins fort inquiet. Cette conférence, en quelque sorte secrète, n'était-elle pas le résultat nécessaire de celle qui avait eu lieu à la Roche-Vendeix entre M. Butler et son fils? M. Butler n'avait-il pas déclaré qu'il interrogerait sa fille, et que, si elle avait persisté dans son affection pour Jean de la Roche, il s'efforcerait de renouer ce mariage, devenu possible par les nouvelles que j'avais données?

J'avais donc amené l'explosion de ma destinée en faisant savoir à Love et à son père que je n'étais ni mort ni marié, et je ne devais pas m'étonner que dès lors la leur fût remise en question. J'assistais à l'élaboration de ma sentence. Hope, jaloux de sa sœur, avait affirmé qu'elle me regrettait, il pouvait s'être trompé, comme se trompent toujours ceux qui sont jaloux par besoin de l'être; mais M. Butler voulait savoir à quoi s'en tenir, et Love subissait un interrogatoire, tendre sans doute, mais décisif. Je croyais pouvoir en être certain, aux intonations à la fois solennelles et dubitatives de la voix de M. Butler lorsqu'elle s'élevait un peu; cependant Love répondait si bas, que je ne pouvais rien deviner, en dépit des intervalles que je ménageais dans l'exercice de mon marteau.

Au bout d'une demi-heure de ce supplice, je vis M. Butler se lever, embrasser sa fille et passer dans la chambre de Hope, probablement pour lui rendre compte de ce qu'il venait d'apprendre. Je restais seul avec Love. Je n'y pus tenir. Décidé à savoir mon sort, j'entrai dans sa chambre; mais son sourire de bienveillance protectrice me troubla. Si elle jouait un rôle, elle le jouait bien.

— Que voulez-vous, Jacques? me dit-elle du ton dont elle aurait dit aux vaches de la montagne : « Je n'ai pas de sel à vous donner, mes pauvres bêtes! »

Je la consultai sur le classement des minéraux dans la boîte, et, comme je lui présentais à tout hasard un échantillon, elle le regarda avec la loupe.

— Voilà un admirable morceau, me dit-elle. Avez-vous remarqué, Jacques, comme il y a de petits fragments qui représentent une grande roche avec ses arêtes, ses cavernes et ses cristallisations? Oui, oui, vous devez avoir remarqué cela, vous qui avez l'œil à ces choses.

— Il est tout simple que je l'aie remarqué, lui répondis-je en me remettant avec un dépit secret au diapason de sa tranquillité d'esprit; j'ai fait souvent l'état de casseur de pierres sur les chemins, et il faudrait être aveugle pour ne pas connaître des yeux ce que l'on manie du matin au soir; mais une chose m'étonne, c'est qu'une demoiselle comme vous s'en occupe tant et sache plutôt ce qu'il y a dans le cœur d'un rocher que ce qu'il peut y avoir dans celui d'un homme.

— Pourquoi me dites-vous cela? me demanda-t-elle en me regardant avec surprise, mais sans inquiétude ni dédain. Est-ce parce que je n'ai pas compris votre chagrin à propos de l'indifférence prétendue de votre femme?

— Oui, justement, demoiselle, c'est à cause de ça!

— Eh bien, je vous répondrai, car vous avez de l'esprit, et vous me comprendrez. De même que cette petite pierre renferme tous les éléments dont se compose la grande roche dont elle est sortie, de même le cœur d'un homme ou d'une femme est un échantillon de tout le genre humain. Dans les pierres, il y a un fonds commun, composé de quelques substances premières, qui se combinent à l'infini pour former ces différents minéraux auxquels on a donné trop de noms et dont on a fait trop de divisions, encore assez mal établies. On a fait un peu de même pour expliquer le cœur humain. On a embrouillé les choses au point que les gens qui s'aiment, comme votre femme et vous par exemple, ne se comprennent plus, et s'imaginent être deux personnes différentes ayant un secret impénétrable l'une pour l'autre. L'une s'étonne d'être aimée froidement, l'autre de ne pas être devinée dans ce que son amour a de pur et de fidèle : toutes deux se méconnaissent. Or, ce qui vous arrive arrive à bien d'autres. Je sais des gens qui cherchent à se deviner, et qui se donnent un mal étonnant pour n'en pas venir à bout. C'est parce que, savants ou simples, nous en cherchons trop long dans le livre du bon Dieu. Si nous nous disions bien que nous sommes tous sortis de la même pâte comme les pierres du sein de la terre, nous reconnaîtrions que la différence des combinaisons est dans tout, et qu'elle est bonne, que c'est elle qui prouve justement que tout ne fait qu'un, et que cent ou cent mille manières de s'aimer et de s'entendre montrent qu'il y a une grande et seule loi, qui est de s'entendre et de s'aimer. C'est par l'étude des pierres, des plantes et de tout ce qui est dans la nature, que je me suis fait cette tranquillité-là, mon brave homme, et, si j'étais à votre place, si j'avais une grande passion dans le cœur, je tâcherais de me contenter d'une amitié tendre et forte comme celle que votre femme a probablement pour vous.

Le discours à la fois élevé et naïf de Love me laissa muet quelques instants. Était-ce une prédication chrétienne donnée charitablement, en temps de république socialiste, à un prolétaire raisonneur? Cela me paraissait d'autant plus probable qu'à cette époque on vit pendant un moment, fort court à la vérité, mais fort intéressant, une apparence d'entente cordiale extraordinaire entre le peuple, la bourgeoisie et même la noblesse. Feinte ou sincère, cette entente sembla devoir modifier essentiellement les mœurs. Les cœurs généreux et romanesques purent y croire; pour tous ceux qui ne se jetèrent pas dans les luttes de parti et dans les questions de personnes, il y eut comme une ère nouvelle dans les relations, et les philosophes calmes et observateurs de la trempe de M. Butler et de sa fille durent en faire un sujet d'études et y prendre un intérêt de curiosité. Chez ceux-là, il y avait une réelle bienveillance et le désir beaucoup plus que la crainte de l'égalité. On faisait, pour ainsi dire, connaissance avec le peuple affranchi, car c'était un peuple nouveau, et qui ne se connaissait pas encore lui-même. Le peuple aussi interrogeait naïvement ses maîtres de la veille; on cherchait à se pénétrer mutuellement avec un reste de méfiance mêlé à un besoin d'abandon. Tel était du moins l'état de nos provinces à cette époque pour les personnes de bonne foi et de bonne volonté. Je ne parle pas des autres.

Il n'y avait donc pas, dans l'intérêt que Love m'accordait, une trop grande invraisemblance, et cependant j'y sentais une allusion si directe à notre situation mutuelle, que je restais tremblant et éperdu, prêt à jeter le masque, prêt à le remettre, et ne sachant que résoudre.

XXV

— Vous direz tout ce que vous voudrez, repris-je; mais, dans les différences, il y a du meilleur et du pire, du calcaire grossier qui n'est ni beau ni bon, et que vous ne regardez seulement pas, et du beau granit rempli de petits grenats et de cristaux fins qui brillent. Vous examinez ça curieusement, et vous êtes contente d'y trouver tant de choses qui font qu'une pierre dure est une bonne pierre, et qu'une pierre molle est une pierre si l'on veut. Eh bien, je vous dis, moi, que c'est la même chose pour les humains. Il y a des cœurs tout en diamant où le soleil se joue quand on l'y fait entrer, et il y en a d'autres tout en poussière grise où il fait toujours nuit.

— C'est-à-dire, reprit Love en souriant avec une apparence de moquerie, que votre cœur est une pierre précieuse, et celui de la femme que vous aimez un peu de fange durcie? Eh bien, je commence à croire que vous ne l'aimez pas du tout, et que vous ne pensez qu'à vous estimer et à vous admirer vous-même. Peut-être que cette pauvre femme devine, au fond de votre grand amour pour elle, une espèce de mépris qui provient de votre orgueil. Vous vous êtes dit : « Ma manière d'aimer est la seule bonne, et cette femme-là qui aime autrement n'a pas de cœur. » Dès lors, moi, je me demande comment vous osez vous vanter d'aimer si fort et si bien la femme dont vous faites si peu de cas.

La leçon était nette. Je l'emportai pour la commenter dans mon cœur, car M. Butler venait de rentrer et recommençait à parler bas avec sa fille. Je retournai à mes cailloux, mais je ne pus continuer le moindre travail. J'étais hors de moi et comme épouvanté de l'idée que Love avait mise sous mes yeux. Était-ce donc moi que j'aimais en elle? Avais-je caressé ma blessure au point de l'adorer et de me faire un mérite et une gloire de ma faiblesse et de ma souffrance? N'y avait-il pas en moi une sorte de rage, peut-être une sorte de haine contre cette femme devenue insensible à force de s'exercer à dompter la douleur? Je la sentais plus forte que moi, et j'en étais comme offensé et indigné. Peut-être même n'étais-je aussi acharné à sa poursuite que par besoin de me venger d'elle en lui faisant souffrir un jour tout ce que j'avais souffert. Qui sait si, du moment où je me sentirais ardemment aimé, je ne me trouverais pas tout à coup désillusionné et lassé par l'excès et la durée de la lutte?

Tout cela était à craindre, car telle est la marche ordinaire des passions, et j'étais profondément humilié de penser que, depuis cinq ans, j'étais peut-être ma propre dupe en me croyant embrasé d'un sentiment sublime, tandis que je n'étais que dévoré par un sauvage besoin de vengeance et de domination. J'attendais avec impatience le retour des domestiques de M. Butler. Aussitôt qu'ils reparurent, je m'enfuis au fond de la montagne, en proie au sombre problème qui m'agitait. Love avait mis le doigt sur la plaie, et, si mon âme malade n'était pas perdue, du moins elle était menacée sérieusement, car j'essayais en vain de me calmer. J'étais en colère contre elle, et je brisais les arbustes qui me tombaient sous la main en me figurant briser mon idole avec un amer soulagement.

Comme j'errais au hasard depuis deux heures, je me trouvai à l'improviste sur la route de Clermont, et je vis venir à ma rencontre un personnage déhanché, tout habillé de gris et monté sur un cheval de louage que suivait une espèce de guide. Je m'arrêtai court en reconnaissant Junius Black.

— Mon ami, s'écria-t-il en m'apercevant, approchez, approchez, je vous prie, et dites-moi dans quel hôtel du mont Dore est descendue la famille Butler,... une famille anglaise qui doit être ici depuis huit jours?

Je nommai l'hôtel sans daigner prendre la peine de changer mon accent. Si quelqu'un était incapable de me reconnaître, ce devait être M. Black.

Mais il arriva que la chose la plus inattendue était précisément celle qui m'attendait. M. Black avait une mémoire fabuleuse et le sens de l'observation des lignes et des physionomies. Il me remercia de mon renseignement en levant son chapeau et en me disant :

— Mille pardons, monsieur le comte; je ne vous savais pas de retour en France, et je ne vous reconnaissais pas à première vue.

J'étais las de dissimuler, et j'étais, d'ailleurs, dans un paroxysme de totale désespérance. Je lui demandai de ses nouvelles, et lui témoignai combien j'étais surpris de sa pénétration.

— Mon Dieu, me dit-il en mettant pied à terre, il y a comme cela en ce moment des personnes de votre caste qui se déguisent pour échapper à des dangers politiques imaginaires. Vous n'êtes pas, je pense, d'un caractère pusillanime; mais, venant de loin, vous avez peut-être cru trouver ici tout à feu et à sang.

— Non, monsieur, répondis-je, je n'ai pas cru cela, et je ne crains aucune chose en ce monde. Je me suis déguisé ainsi pour revoir miss Butler sans qu'elle me reconnût.

— Miss Butler? Pourquoi cela? grand Dieu! N'êtes-vous pas marié?

— Je n'ai jamais été marié, et je l'aime toujours, puisque je me suis fait paysan pour me mettre à son service.

— Oh! la singulière idée! s'écria M. Black en jetant la bride de son cheval à son guide et en descendant avec moi la profonde rampe qui s'abaisse sur la vallée. C'est romanesque, cela, très-romanesque! Pas marié! je m'en doutais. Je n'y croyais pas, à votre mariage... Mais mademoiselle a fait comme moi, elle vous a reconnu tout de suite, n'est-il pas vrai?

— Si elle m'a reconnu, depuis huit jours que je suis auprès d'elle en qualité de guide, elle n'en a encore rien fait paraître, et je vous avertis, monsieur, que, si vous me trahissez, vous me désobligerez particulièrement.

— Étrange, étrange, en vérité! C'est un roman!... Mais je n'entends rien à ces choses-là, moi, et je ne crois pas devoir m'y prêter, d'autant plus que mademoiselle doit savoir à quoi s'en tenir. Il est vrai que vous êtes changé, très-changé, et très-bien déguisé, j'en conviens: on jurerait d'un montagnard; mais enfin vous êtes vous, et non pas un autre. M. Butler aussi doit...

— Si M. Butler sait qui je suis, il n'y a pas longtemps, je vous en réponds. Quoi qu'il en soit, je vous demande le secret.

— Et moi, je ne vous promets rien. Je n'ai pas de raisons pour préférer votre satisfaction à la dignité de la famille.

— Et, en outre, vous avez pour moi une antipathie dont j'aurais dû redouter la clairvoyance.

— Vous vous trompez, monsieur, j'ai toujours fait grand cas de vous, et, sachant que vous avez voyagé, je suis certain que vous avez appris beaucoup de choses intéressantes. Miss Butler s'ennuie quelquefois, et son père serait heureux de la voir mariée. Vous seriez pour eux et pour nous une grande ressource. Oui, en vérité, vous pourriez continuer l'éducation du jeune homme, car cela dérange bien sa sœur de ses propres travaux, et moi, cela me distrait quelquefois des soins que je dois à la collection. Bref, je serais content que ce mariage pût se renouer, puisque miss Love y avait consenti autrefois, et que depuis elle a toujours refusé d'en contracter un autre... Mais que sais-je maintenant de ses intentions? Ceci ne doit pas vous fâcher, vous voyez que je ne mets pas en doute la pureté des vôtres.

— Je vous en remercie; mais vous ne devez pas me trahir, monsieur Black, je vais vous le prouver. Miss Butler n'a pas pour moi le sentiment auquel j'ai eu la folie d'aspirer. Je suis venu pour m'en convaincre, et je m'en vais. Jusque-là, n'ajoutez pas à mon chagrin l'humiliation d'être raillé. Voyons; si, comme je le crois maintenant, vous êtes un excellent garçon, quel profit et quel plaisir trouverez-vous à cela?

— Aucun... Mais laissez-moi réfléchir; diable! laissez-moi réfléchir! Cela me paraît bien grave! Si mademoiselle découvre la vérité, que pensera-t-elle de ma complicité dans une pareille aventure?

— Et qui vous forcera de dire que vous m'avez reconnu avant elle?

— La vérité, monsieur, la vérité. Je ne sais pas mentir, moi, Junius Black; je n'ai jamais menti!

— Alors vous blâmez ce déguisement comme un mensonge.

— Un peu, oui, je l'avoue. Seulement, je me dis: « C'est l'amour, » et je ne sais pas ce que l'amour ferait de moi, s'il s'emparait de ma cervelle. Cela n'est jamais arrivé, et j'espère bien que cela n'arrivera jamais; mais enfin je sais que l'amour fait faire des choses étranges, et c'est parce que je ne le connais pas que je ne puis juger de la dose de libre arbitre qu'il nous laisse. Quoi qu'il en soit, je ne vous promets rien, entendez-vous?

— Eh bien, faites ce que vous voudrez. Je pars. Adieu, M. Black. Dites à miss Butler que j'ai souffert tout ce qu'un homme peut souffrir,... ou plutôt ne lui dites rien. Elle n'entendra plus jamais parler de moi. Adieu!

M. Black, qui était réellement un homme sensible et naïf sous sa froide enveloppe, m'arrêta en me prenant par le bras avec une touchante gaucherie.

— Non, mon cher ami, non! s'écria-t-il ingénument, vous ne vous en irez pas comme ça, quand je sais, moi, ou quand je me persuade du moins que mademoiselle... Ma foi, je lâche le mot, j'ai toujours cru m'apercevoir que miss Love ne se consolait pas de votre absence, et, si vous partez encore, Dieu sait si elle ne négligera pas la science, si elle ne deviendra pas triste, malade! Enfin, monsieur, vous ne partirez pas, et, fallût-il vous promettre,... tenez! je ferai tout ce que vous voudrez, et, s'il vous faut ma parole, je vous la donne.

Ce bon mouvement de Junius fondit mon pauvre cœur froissé et trop longtemps solitaire. Je ne pus retenir mes larmes, et toute force m'abandonna.

J'attendrissais M. Black, mais je le dérangeais beaucoup, car il avait grande envie de regarder le pays autour de lui, et, tout en provoquant mes épanchements, il m'interrompait pour me parler géologie. Enfin, voulant avoir raison de ma douleur et de mon découragement, il s'assit près de moi sur le bord du chemin, et me fit les questions les plus candides sur le sentiment qui me dominait à ce point, et dont il ne se faisait aucune idée juste. Quand il crut me comprendre :

— Écoutez, me dit-il, je vois ce que c'est, vous l'avez aimée lorsqu'elle était encore une enfant. Vous qui étiez jeune homme fait, ayant déjà usé et peut-être un peu abusé de la vie, vous exigiez que cette jeune fille si pure et si simple eût pour vous une passion effrénée, car il eût fallu cela pour la décider à risquer la vie de son frère, et c'eût été là une mauvaise passion, peu excusable dans un âge si tendre et avec l'éducation saine qu'elle avait reçue. Voilà ce que vous vouliez d'elle, j'en suis certain, et je me souviens de l'avoir compris le jour où je vous vis ensemble au cratère de Bar, tout en ayant l'air d'être aveugle... Mais il ne s'agit pas de cela. Suivez mon raisonnement. Vous avez été trop exigeant et trop impatient, mon cher ami ! Si, au lieu de vous brûler le sang et de vous épuiser l'esprit à désirer une solution alors impossible, vous eussiez su l'attendre ; si vous eussiez pris confiance en *elle*, en Dieu, en vous-même, tout ce qui vous est arrivé aurait pu ne pas être. Vous ne seriez pas parti, vous eussiez espéré un an, deux ans peut-être ; à l'heure qu'il est, vous seriez marié depuis trois ans avec elle, car il y a tout ce temps-là que le cher Hope est hors de danger. Songez donc que votre départ était comme une rupture dont vous preniez l'initiative...

— Pardon ! mon cher monsieur, m'écriai-je : les choses ne se sont point passées ainsi. C'est *elle* qui m'a rendu ma parole.

— Et pourquoi diable l'avez-vous reprise ? Ne savez-vous pas que, si on vous l'a rendue, c'est parce que votre mère avait provoqué cette décision pénible ? N'avait-elle pas écrit à M. Butler pour le mettre au pied du mur, en lui disant que vous dépérissiez, et qu'il vaudrait beaucoup mieux pour vous n'avoir plus aucun espoir ?... M. Butler me montra la lettre, et je fus d'avis qu'il fallait agir selon le désir de votre mère, puisqu'à cette époque Hope était fort malade, et qu'il n'était pas possible d'assigner un terme à sa maladie.

— On a beaucoup exagéré la maladie de Hope ?

— Dites, monsieur, qu'on l'a beaucoup dissimulée ! C'était une maladie nerveuse, et je vous dirai tout bas que, par moments, on a craint l'épilepsie. Or, vous savez que l'on cache avec soin ce mal, qui peut réagir sur l'imagination de ceux qui entourent le malade, sur les jeunes sujets particulièrement. Aussi n'a-t-on jamais prononcé ce mot-là devant miss Love. Grâce au ciel, toute inquiétude est dissipée ; mais sachez bien que, pendant que vous nous accusiez, nous n'étions pas sur des roses.

— Pourquoi m'avoir caché alors ce que vous m'avouez maintenant ? Si au moins Love eût pris le soin d'adoucir mon désespoir par sa pitié ; mais elle m'écrivait : *Soumettons-nous*, comme si c'eût été la chose la plus simple et la plus aisée !

— Love a ignoré votre désespoir. Elle a su que vous aviez du chagrin, mais nous lui avons caché avec soin l'excès de votre passion : n'était-elle pas assez à plaindre sans cela ?

— Love n'a rien ignoré : je lui écrivais.

— Love n'a pas reçu vos lettres. M. Louandre les remettait à son père, qui les lui rendait sans les lire.

— Alors je vois qu'en effet elle a été moins cruelle pour moi que je ne le pensais. Peut-être n'ai-je le droit de lui adresser aucun reproche ; il n'en est pas moins vrai qu'elle m'a oublié, et que dernièrement encore elle se félicitait d'avoir conservé sa liberté : on me l'a dit !

— Et on ne vous a peut-être pas trompé. Eh bien, quand cela serait ? De quel droit exigiez-vous une douleur incurable quand vous quittiez la partie ? Et qu'est-ce donc que votre amour, mon cher monsieur, si vous n'avez pas l'humilité de vous dire que miss Love était une personne au-dessus de tous et de vous-même ? Si, par votre force morale et par la culture de votre intelligence, vous êtes devenu digne d'elle, n'est-il pas de votre devoir de chercher à vous faire apprécier et chérir ? Que diable ! je ne suis amoureux d'aucune femme, moi, Dieu merci ! mais, si j'aspirais à une femme comme elle, je serais plus modeste que vous ; je ne lui ferais pas un crime d'avoir passé cinq ans sans idolâtrer mes perfections. Je me dirais qu'apparemment j'en avais fort peu, ou que je n'ai pas su m'y prendre pour les faire goûter, et je ne serais pas effrayé de passer encore cinq ans à ses pieds dans l'espoir d'un bonheur que je tâcherais de mieux mériter.

Junius parlait avec tant d'animation, qu'il me passa par la tête qu'il était amoureux de Love ; mais à coup sûr il ne s'en doutait pas lui-même, car il continua à me retenir et à me prêcher jusqu'à ce qu'il me vit convaincu, résigné et repentant. Il avait mille fois raison, l'excellent jeune homme ! Avec son bon sens pratique et sa rectitude de jugement, il me montrait la route que j'eusse dû suivre, et qu'il était temps de suivre encore. Sa réprimande se trouvait d'accord avec le reproche d'orgueil que Love m'avait adressé deux heures auparavant, et avec les remords qui m'avaient obsédé et rendu furieux contre moi-même et contre elle en même temps.

XXVI

Quand j'eus conduit Junius jusqu'à la porte de l'hôtel, et après qu'il m'eut renouvelé sa promesse, je retournai dans la montagne. Je ne voulais et je ne pouvais donner aucun repos à mon corps avant d'avoir reconquis celui de l'âme. Les paroles de M. Black avaient essentiellement modifié mon émotion; mais j'étais accablé par sa raison plutôt que convaincu par ma conscience. Certes, il était entré beaucoup d'orgueil dans mon amour, mais aussi l'on me demandait trop d'humilité, et je ne pouvais accepter l'état d'infériorité morale où l'on voulait me reléguer. Pour me punir de m'être cru trop grand en amour, on voulait me faire trop petit, et on semblait me prescrire de demander pardon pour avoir trop souffert et trop aimé!

Pourtant quelque chose de plus fort que ma révolte intérieure me criait que Love valait mieux que moi. Elle avait souffert sans se plaindre; elle avait sauvé son frère, et, moi, j'avais laissé mourir ma mère!... Peut-être même avais-je hâté sa mort par mon impuissance à cacher mon désespoir. Ce remords m'avait souvent tenaillé le cœur, et, pour m'y soustraire, j'accusais Love d'avoir causé le mal en causant ma faute; mais cela était injuste, puisque Love ne m'avait jamais trahi, et la faute retombait sur moi seul.

Alors je retombais moi-même dans le découragement. Pouvait-elle m'aimer coupable et lâche? Si elle m'acceptait pour époux, ne serait-ce pas une tendresse pleine de pitié comme celle qu'elle vouait à son frère? M'était-il permis de prétendre à une passion que je n'étais pas digne d'inspirer? Et moi, pouvais-je accepter une pitié qui achèverait de m'avilir?

L'abattement fut tout le calme que je pus obtenir de ma passion. Je dormis de fatigue, et je fus réveillé à deux heures du matin par François, qui me demandait si, tout de bon, je voulais porter le fauteuil, vu qu'il était temps de se mettre en route. Les Butler voulaient voir le lever du soleil sur le Sancy.

— Pourquoi ne porterais-je pas le fauteuil aussi bien que les autres? lui répondis-je.

— Parce qu'il faut savoir. Diable! ce n'est pas un jeu, et, tout bon piéton que vous êtes, vous ne savez pas ce que c'est que d'être attelé à un brancard pour monter ou descendre à pic, sauter les torrents de pierre en pierre, traverser la neige aux endroits praticables, et cela avec tant d'ensemble, que le camarade ne tombe pas sur un faux mouvement de vous; songez aussi au voyageur. Si vous tombez tout simplement, le fauteuil tombera sur ses quatre pieds, et il n'y aura pas grand mal; mais, si vous roulez sans avoir pu défaire la bricole, adieu tout le monde. Pensez-y, monsieur, ne nous faites pas un malheur! Songez que la demoiselle va nous confier sa vie!

— C'est pour cela que je veux la porter, François. Je ne serais pas fâché d'avoir une fois sa vie dans mes mains. Partons.

Une heure après, nous étions en route. Love, assise commodément, avec un petit marchepied suspendu, traversait rapidement la verte et profonde vallée, blanchie par les vapeurs du matin. Il faisait très-froid. Le terrain montait doucement. Les porteurs avaient peu de peine. Comme nous étions quatre, c'est-à-dire deux de rechange, je laissai partir les deux premiers en avant. Je ne voulais pas attirer encore l'attention de Love, et je suivais avec mon camarade de relais. Je désirais parler avec M. Black, qui venait à l'arrière-garde, ainsi que M. Butler, Hope, François et son beau-père. Les porteurs, marchant une sorte de pas gymnastique, ne souffraient personne devant eux.

Junius vint de lui-même se placer à mes côtés, à une distance convenable des Butler. Comme mon camarade était près de nous, je parlai anglais, ce qui fit un grand plaisir à M. Black.

— Vraiment! vous avez appris notre langue, si vite et si bien? Mademoiselle en sera charmée; mais sachez, mon cher ami, que miss Butler ne se doute de rien, qu'elle ne vous a pas reconnu, et qu'elle ne m'a, en aucune façon, laissé libre de lui parler de vous. J'ai essayé d'amener adroitement la conversation sur votre compte. J'ai demandé si on avait quelque nouvelle de vous. C'est M. Butler qui m'a répondu :

» — Oui, il paraît qu'il se porte bien, et qu'il n'est pas marié, comme on le prétendait...

» Mais miss Love a rompu le discours après avoir fait l'observation que le renseignement venait d'un certain Jacques, qui ne savait peut-être pas ce qu'il disait. Peu d'instants plus tard, on s'est séparé, chacun voulant se coucher de bonne heure pour être debout avant l'aube. Ce matin, je n'ai eu que le temps de la saluer, si bien que j'ignore ce qu'elle répondra à mes insinuations.

L'adresse de Junius me fit trembler. Je le suppliai de ne pas dire un mot de moi. Ce qu'il me rapportait ne m'apprenait rien. Bien qu'il se crût en possession de la confiance de Love, il était fort probable qu'elle ne la lui accorderait pas en cette circonstance.

Que se passait-il donc dans l'esprit de cette étrange fille? Lorsque les hommes qui la portaient eurent fourni leur première haleine, ils s'arrêtèrent pour m'appeler; mais, comme j'allais soulever les bâtons, Love, sans me regarder, et s'adressant à mon camarade, lui dit qu'elle voulait attendre son père.

— Ce n'est pas que je souffre ni que je sois lasse, dit-elle à M. Butler quand il nous eut rejoints; je ne connaîtrais pas de plus agréable manière de voyager, si je pouvais oublier la fatigue que je cause à ces hommes. Je pense aussi à la vôtre, cher père; nous allons trop vite, et, quoique vous ne soyez pas forcé de nous suivre, vous nous suivrez de près, sans vous en apercevoir. Je vous prie donc de prendre de l'avance sur nous. Je sais qu'on ne peut pas monter en chaise jusqu'au sommet du Sancy, c'est trop rapide. Je resterai au pied du cône, et, comme il y fait froid, j'aime autant arriver la dernière pour vous y attendre moins longtemps.

M. Butler objecta qu'elle allait rester seule avec les guides, Hope désirant voir le lever du soleil sur le sommet du Sancy, et M. Black ayant franchement renoncé à marcher vite et à monter haut à cause de son asthme.

— Eh bien, je ne vois aucun inconvénient, répondit Love, à ce que vous me laissiez avec les guides. Ne suis-je pas en sûreté au milieu de ces braves gens? D'ailleurs...

Ici, Love se retourna comme pour dire que je n'étais pas loin; mais j'étais plus près d'elle qu'elle ne croyait, et, en me voyant, elle n'acheva pas sa phrase. Je crus voir errer sur ses lèvres un sourire singulier. M. Butler, s'adressant alors à moi, me recommanda d'empêcher que sa fille fît un seul pas, et même il parla bas à François pour lui dire de ne pas nous quitter, vu qu'il ne savait pas si j'étais un porteur bien expérimenté. Puis il s'éloigna avec Hope, et Love nous ordonna d'attendre encore M. Black, dont elle parut vouloir s'occuper avec beaucoup de sollicitude.

Quand il fut près d'elle, elle lui reprocha de n'avoir pas pris un cheval, et elle ajouta qu'elle se reprochait à elle-même de n'y avoir pas songé pour lui.

— J'aurais dû me rappeler, lui dit-elle, que vous ne vous souvenez de rien quand il s'agit de vous seul, et je crains réellement que cette course ne vous rende malade... — Ne pourrait-on pas, dit-elle à François, avoir par ici un cheval pour M. Black?

François, qui n'était jamais embarrassé de rien, ne demanda qu'un quart d'heure pour en amener un du buron le plus voisin, et il partit comme un trait.

— Attendons-le ici, reprit Love en s'adressant à M. Black. Quand je vous verrai à cheval, je repartirai.

L'intérêt qu'elle témoignait à cet ami déjà ancien de sa famille eût dû me paraître fort naturel. Je n'ignorais plus que Junius Black méritait par sa candeur et sa bonté l'estime et l'affection de ceux qui le connaissaient; mais tout m'était sujet de jalousie et de déplaisir, et après tout je ne savais rien! Love, un moment auparavant, semblait me reconnaître et invoquer ma protection de préférence à celle de tout autre. A présent, elle semblait avoir déjà oublié que j'étais là, et vouloir se placer sous la protection exclusive de Junius Black. Elle parlait anglais avec lui; peut-être ignorait-elle encore que je pouvais l'entendre. J'avais passé par tant d'incertitudes et de suppositions gratuites depuis huit jours, que je n'avais plus aucune confiance dans ma pénétration ni dans mon propre jugement. Je l'écoutais, avec une avidité inquiète, échanger des réflexions sur le *facies* géologique environnant avec le pauvre savant, à la figure froide et inoffensive, que si longtemps j'avais pris pour un détracteur machiavélique, et j'avais l'esprit si malade, que je m'attendais presque à découvrir une préférence pour lui dans le cœur de miss Butler.

On avait placé le fauteuil de Love auprès d'un rocher où Junius, déjà très-fatigué d'avoir fait à pied un tiers du chemin, s'était assis pour se reposer et pour se trouver de niveau avec elle.

Soit qu'il eût résolu, malgré ma récente prière, de lui parler de moi, soit que ma figure soucieuse le décidât à risquer, sans me consulter, une explication décisive sur mon compte, il rompit la glace tout à coup, de la manière la plus adroite.

— A propos de roche, dit-il en ramassant une pierre à ses pieds, savez-vous que M. de la Roche est de retour dans son château?

— Bah! vous croyez cela? répondit Love sans émotion. On a fait tant d'histoires sur son compte que je ne crois plus à rien.

— Vous croyez au moins, reprit Black sans faire attention à mes signes, qu'il est décidément bien vivant et nullement marié?

— Je le sais, répondit Love; mais, quant à son retour, je n'y crois pas.

— Pourquoi cela?

— Parce que je ne pense pas qu'il m'aime assez pour revenir dans un pays qu'il n'aimait plus du tout.

— Que dites-vous là? Pourquoi ce doute, mademoiselle?

— S'il m'eût aimée, il n'eût pas douté de moi, et il serait revenu plus tôt.

— C'est ce que je lui ai dit, repartit ingénument M. Black; mais il assure que...

— Ah çà! vous l'avez donc vu? s'écria Love en faisant le mouvement involontaire, mais aussitôt comprimé, de me regarder.

— Oui, je l'ai vu,... répondit Junius avec embarras. Je l'ai vu,... à Clermont, je crois.

— Vous croyez? reprit Love en riant; vous n'en êtes pas sûr? N'importe, mon cher monsieur Black; vous l'avez vu, je le crois, puisque vous le dites, car vous ne savez pas mentir. Eh bien, vous a-t-il parlé de moi? Que vous a-t-il dit de moi?

Je faisais des yeux si terribles au pauvre Junius, qu'il perdit contenance et bégaya au lieu de répondre.

— Tenez, reprit Love, je le sais, ce qu'il vous a dit; il me semble que je l'ai entendu, et que je peux vous le redire mot pour mot. Il dit que je n'ai pas de cœur, que je ne suis pas capable d'aimer, que je suis trop à mes parents et à mes études pour être digne de le comprendre et capable de le rendre heureux. N'est-ce pas cela?

Et, comme Junius, de plus en plus interdit et troublé, ne trouvait rien à alléguer pour ma défense, elle ajouta :

— Si vous le revoyez à Clermont ou ailleurs, dites-lui, mon cher monsieur Black, que je l'ai aimé plus longtemps et mieux qu'il ne le méritait, puisqu'il n'avait pas confiance en moi, ou qu'il l'a perdue avant de vouloir se soumettre à l'épreuve du temps. Que sais-je à présent des autres amours qui ont rempli sa vie durant tant d'années? J'aimais un jeune homme sans grand avoir et sans grande expérience, aussi naïf que moi à bien des égards, capable de comprendre par moments mes devoirs personnels et de partager un jour mon humble bonheur. A présent, Jean de la Roche est riche, instruit; il doit connaître le monde, et la vie facile, et les amours que je ne comprends pas, et les femmes à belles paroles et à grandes passions, auprès desquelles je ne lui paraîtrais plus qu'une vieille fille desséchée par les veilles et adonnée à des études rebutantes chez une personne de mon sexe.

— Mais ne croyez donc pas cela! s'écria enfin Junius avec feu. Il dédaignera d'autant moins une femme savante qu'il est savant lui-même. Ce sont les ignorants qui ont peur de la supériorité d'une femme, ce sont les imbéciles qui demandent une compagne bornée, ce sont les sots qui veulent jouer le rôle de pacha et jeter le mouchoir à des odalisques dégradées. Un homme de cœur et d'esprit veut vivre avec son égale, la respecter comme sa mère ou comme sa sœur, en même temps que la chérir comme sa femme. Il veut être fier d'elle, et il me semble, à moi, que, si j'avais des enfants d'une idiote, je me ferais reproche de les avoir mis au monde, tant je craindrais qu'ils ne fussent idiots.

La langue du bon Junius s'était déliée sous l'empire d'une honnête conviction. Love l'écoutait attentivement.

— Vous avez raison, reprit-elle, cela devrait être ainsi; mais cela n'est pas ainsi, mon cher monsieur Black. Il y a et il y aura longtemps encore un préjugé contre les femmes qui ont reçu de l'instruction et à qui l'on a appris à raisonner leur devoir. Moi, si j'étais homme, il me semble bien que j'aurais plus de confiance en celle qui saurait pourquoi il faut aimer le vrai, le beau et le bien, qu'en celle qui suit machinalement et aveuglément les chemins battus où on l'a poussée sans lui rien dire de sage et de fort pour l'y faire marcher droit; mais je me trompe probablement et vous vous trompez vous-même, parce que vous vivez sans passions. Les préjugés sont plus puissants que la raison; on veut que la femme aimée soit une esclave par l'esprit et par le cœur, on tient même plus à cela qu'à sa fidélité et à sa vertu, car je sais des hommes qui ont l'air de vouloir être trompés, tant ils le sont, mais qui se déclarent satisfaits par l'apparente soumission morale et intellectuelle dont on les berne.

» Ajoutez à cela, continua Love avec vivacité, que l'homme très-passionné est porté plus que tout autre au despotisme de l'âme, et qu'il aime à s'exagérer, pour s'en effrayer et s'en offenser, la capacité d'une femme tant soit peu cultivée. Il ne lui accorde plus ni candeur ni modestie; il s'imagine qu'elle est vaine. Il ne se dit pas — ce qui est pourtant une vérité banale — que l'on n'est jamais supérieur en tous points, quelque sage que l'on soit, à une personne raisonnable ordinaire. Je ne parle pas des exceptions, à qui la nature et l'éducation ont tout refusé; mais je suppose une comparaison entre M. de la Roche et moi, par exemple! Eh bien, je me dis qu'à certains égards j'en sais peut-être plus que lui, sans avoir le droit d'en être fière, puisque je suis sûre qu'à d'autres égar[illegible] ait certainement plus que moi. Je n'ai jam[illegible] la [illegible]alité entre les gens qui peuvent s'estimer et se comprendre. Si celui-ci a plus d'ardeur dans la pensée et de nerf dans la volonté, celui-là a plus de prudence dans le caractère ou de charme dans la douceur des relations. Des êtres tout semblables les uns aux autres feraient un monde mort et une société inféconde, et les affections les plus vives sont celles qui compensent leurs contrastes par des équivalents. C'est un lieu commun de dire que les extrêmes se touchent, que les opposés se recherchent dans le monde du sentiment. Voilà sans doute pourquoi nous nous aimions, *lui* et *moi!..*, mais il n'a pas compris cela, lui! Il a protesté contre cette bonne loi de l'instinct; il a lu des romans où les hommes tuent des femmes qui mentent, et il a éprouvé le besoin de me croire menteuse afin de tuer notre amour. Cette conduite-là, voyez-vous, n'est pas trop bonne, monsieur Black. Si je l'excuse, si je pardonne à ce jeune homme de n'avoir pas tenu compte du chagrin que devaient me causer son désespoir, et son départ, et sa longue absence, c'est parce que je me souviens de l'avoir beaucoup aimé, et que je sens en moi comme une faiblesse de ma volonté quand ma tête veut trop faire taire mon cœur, qui a si longtemps plaidé pour lui. Je crois, d'ailleurs, que je ferai bien de m'en tenir au regret du bonheur que nous avions rêvé, sans aller jusqu'au regret de nos amours, tels qu'il les entendait. Si nous devons nous revoir, je ne lui refuserai pas mon amitié et mon dévouement au besoin, et je crois qu'il ne m'en demandera pas davantage; mais, s'il lui passait par la tête, après un si long abandon, de vouloir revenir au passé, je lui dirais : « Non, mon cher Jean, ce n'est plus possible; car, si nous devons nous aimer encore, tout est à recommencer entre nous. Nous n'avons plus de sacrifices à nous faire, puisque votre pauvre mère n'est plus, et que mon cher frère se porte bien : il s'agirait maintenant de nous aimer sans effroi et sans orage, comme on peut s'aimer quand il n'y a plus d'obstacles. C'est bien plus difficile, et peut-être que pour vous les obstacles sont le stimulant nécessaire à la passion. Enfin je ne vous connais plus, moi, et nous avons à refaire connaissance, comme si nous entrions dans une autre vie. Voyez si, telle que je suis, je vous plais encore, et permettez-moi de vous étudier pour savoir si je peux reprendre en vous la confiance que j'ai eue autrefois. » Voilà ce que Jean se dirait aussi à lui-même, s'il était un homme sérieux; et ce qu'il se dit peut-être en ce moment, car il est possible qu'il se sente, comme moi, enchaîné par le respect et la mémoire du passé et qu'il éprouve le besoin de m'étudier et de me juger avec ce qu'il a pu acquérir d'expérience et d'exigences légitimes. Jean fera donc bien de m'examiner de son mieux et même de m'espionner au besoin, avant de se permettre de venir réclamer ma parole, et, quant à moi, ce ne sera pas avant d'avoir soumis son amour à une longue épreuve que je lui rendrai le mien. Voilà, monsieur Black, ce que vous pouvez lui dire, si vous le rencontrez encore et s'il vous interroge.

Love donna toutes ces raisons, non pas sous forme de discours comme je les résume, mais à travers un dialogue assez animé et qui dura plus d'un quart d'heure. Junius défendait ma cause avec une généreuse obstination. Il prétendait que l'épreuve avait été assez longue et l'expiation de mon impatience assez complète, et que, si je me présentais tout d'un coup avec le désir et l'intention de renouer le mariage, on ne devait pas me demander de nouvelles preuves de fidélité et m'imposer de nouvelles souffrances. Love se montra un peu ironique et un peu cruelle. J'avais désormais la conviction qu'elle parlait ainsi à dessein que j'en fisse mon profit; elle avait l'air de me défier et de me rebuter même avec un certain orgueil froissé qui n'était peut-être pas ce qu'il eût fallu pour refermer ma blessure. Plus elle avait raison contre moi, plus je sentais de dépit contre elle. Elle me semblait vouloir triompher de mon humiliation et devenir coquette au moment où je lui reprochais d'être trop austère et trop raisonneuse, comme pour me punir de mon injustice.

Le cheval arriva et Black se hissa dessus avec sa gaucherie ordinaire; mais l'animal se trouva un peu vif, et François dut le tenir par la bride, ce qui eût retardé notre marche et l'eût rendue impossible, si nous n'eussions pris le parti de laisser le savant en arrière avec le guide. Mon camarade, le porteur, qui n'avait encore rien fait, se plaça dans le brancard en avant, moi derrière Love, et nous partîmes, laissant les deux autres à distance égale entre le cavalier et nous.

Love ne détourna pas la tête en se sentant soulevée par moi; on eût juré qu'elle ne me savait pas là, et qu'elle avait oublié que je pusse y être.

XXVII

Le porteur de devant était une espèce d'Hercule, un vrai type d'Auvergnat de la montagne, énorme de tête, court d'encolure, large d'épaules, grêle ou plutôt serré de la ceinture aux pieds, comme les taureaux de race. Sa chevelure, frisée en touffe sur le front, complétait la ressemblance; mais la douceur de son regard et la candeur de son sourire étaient d'un enfant. Il s'appelait Leclergue. François me l'avait choisi en se disant que, si je manquais d'adresse ou de force, cet athlète rustique sauverait tout et ne se fâcherait de rien.

Nous allions presque aussi vite que des chevaux qui trottent; c'est la manière de porter dans le pays. Love ne parut se souvenir de moi qu'au moment de traverser la Dordogne. Le torrent était très-gros, et les roches brutes que nous franchissions par des bonds d'ensemble bien combinés étaient en partie sous l'eau. Elle se retourna alors, et, comme si elle eût été surprise de me voir, elle sourit et me dit bonjour d'un petit mouvement de tête.

— Avez-vous peur, demoiselle? lui dis-je tout en sautant.

— J'ai peur pour vous, répondit-elle d'un ton de reproche.

Et, quand nous fûmes sur l'autre rive, elle ajouta :

— C'est assez, j'espère, et vous allez appeler un remplaçant.

— C'est-à-dire, repris-je, que vous ne vous fiez point à moi?

Elle ne répondit pas; mais, comme elle était tournée de profil, je vis encore ce mystérieux sourire, demi-railleur, demi-mélancolique, qui parfois la faisait ressembler à la Joconde de Vinci, quoique sa beauté appartînt à un type plus régulier et plus franchement sympathique.

J'encourageai Leclergue en patois. Quoique bien payé par M. Butler, il l'était encore plus par moi, et il ne se ménageait pas. Au bout d'une demi-heure de marche, nous avions rejoint Hope, M. Butler et leurs guides; mais, comme nous étions lancés sur la pente ascendante des premiers échelons de la montagne, nous ne nous arrêtâmes pas, et bientôt nous laissâmes tout le monde derrière nous. Nous marchions toujours plus vite à mesure que la montagne devenait plus rapide, comme font les chevaux courageux quand ils sont chargés, l'animal comprenant tout aussi bien que l'homme que l'ardeur de la volonté allége seule la fatigue.

Il n'y avait plus trace de sentier. Nous gravissions des touffes de gazon toutes rondes, jetées par les pluies en escaliers capricieux et trompeurs sur des talus de gravier. Les pieds des animaux avaient achevé de dégrader le flanc de la montagne. J'éprouvai là une fatigue qui tenait du vertige, mais ce ne fut qu'aux premiers moments. Je fus bientôt pris de cette fièvre qui décuple les forces, et je portai Love sans respirer jusqu'à la Dordogne, qui commence à sourdre au jour au milieu d'une vaste nappe de neige immaculée.

Nous avions beaucoup devancé le reste de la caravane. Nous posâmes le fauteuil pour l'attendre, et Leclergue se jeta de son long par terre avec le sans façon permis dans la circonstance et avec un peu d'affectation aussi, pour montrer que la peine valait bien le salaire.

Quant à moi, je restai debout à distance. Love, qui ne pouvait faire un pas, m'appela, et, me voyant couvert de sueur sous la bise glacée, elle m'ordonna de prendre son manteau, que je refusai obstinément.

— Vous êtes un entêté! me dit-elle alors avec une véritable colère maternelle; vous avez voulu porter, ce n'est pas votre état, et vous n'en pouvez plus! Vous en serez malade, vous en mourrez peut-être!

Et des larmes coulèrent sur ses joues pâlies par le froid, qui tout à coup se couvrirent d'une vive rougeur, comme si son amour se fût trahi en dépit d'elle-même. Son émotion me rendit presque fou. Je faillis me jeter à ses pieds, mais la présence de Leclergue me retint. Que signifiaient donc toute cette prudence et toute cette méfiance dont elle venait de rédiger pour ainsi dire le programme cruel en parlant de moi à M. Black en ma présence et avec le soin de ne m'en pas laisser perdre une parole?

Immobile devant elle, je regardais sa nuque blanche inondée de boucles noires, et je devinais, aux moindres ondulations de sa tête penchée en avant, les larmes qu'elle ne pouvait plus retenir. J'étais donc aimé éperdument peut-être, et elle ne voulait pas me le laisser entrevoir! Pourquoi ce jeu terrible pour tous deux? Était-ce fierté à cause de ma fortune refaite et de la sienne compromise? Non! Love était comme son père, elle ne savait jamais rien des choses d'argent, ou, si elle les savait, elle n'y pensait pas, elle n'y pouvait pas penser. C'était donc autre chose; du dépit peut-être, un dépit réel et profond de m'avoir vu renoncer à elle dans un temps où elle ne renonçait pas à moi?

— Ah! si cela pouvait être! me disais-je. Si elle avait eu contre moi l'amertume que j'ai eue contre elle! Si elle avait souffert autant que moi,... c'est-à-dire si elle m'aimait comme je l'aime!

Tout se résumait dans cette pensée. J'étais ivre de joie, et la peur me retenait encore. J'allais lui parler à cœur ouvert, et, au moindre mouvement qu'elle faisait, je tremblais de rencontrer son regard déjà séché et son malicieux sourire recomposé sur sa figure impénétrable.

Elle rompit le silence sans se retourner.

— Est-ce que vous croyez, me dit-elle en me montrant la cime du Sancy, que mon père et mon frère arriveront à temps pour voir de là-haut le soleil sortir de l'horizon?

— Je ne le crois pas, répondis-je; mais vous, ne souhaitez-vous point le voir?

— Je sais, répondit-elle, que c'est une des plus belles choses du monde; mais, comme cela ne se peut pas...

— Mais si cela se pouvait?

— Je vous dis, reprit-elle d'un ton ferme, que cela ne se peut pas, et que je n'y songe pas.

Je m'approchai de Leclergue, qui dormait déjà.

— Camarade, lui dis-je à l'oreille en le réveillant, veux-tu gagner cinq cents francs tout de suite?

— Avec plaisir, monsieur!

— Eh bien, relève-toi et emportons la demoiselle jusqu'à la croix du Puy.

— Diable! dit-il, porter là-haut une personne? Ça ne s'est jamais fait. Est-ce possible?

— C'est possible, puisqu'on y a porté une croix et des pierres. Veux-tu mille francs?

— Non, je suis un honnête homme: cinq cents francs, c'est bien payé; mais, si j'en crève, vous aurez soin de mon vieux père. Je n'ai que lui à nourrir.

— Je te jure d'avoir soin de lui. Veux-tu?

— Mais vous, vous ne pourrez pas!

— Est-ce que je vais mal? est-ce que je te fatigue?

— Non! vous allez mieux que pas un. Allons! en route. Vous passerez devant?

— Non, je veux faire le plus difficile. Attends! je t'avertis que la demoiselle dira non. Elle aura peut-être peur. Ça ne fait rien. Tu avanceras tout de même. C'est moi qui commande.

— C'est bien; mais ce n'est pas le tout de commander, il faut rendre l'homme capable d'obéir. Avez-vous quelque chose à me faire boire?

— Oui. Voilà de l'eau-de-vie pour toi, lui dis-je en lui tendant une gourde.

— Où me conduisez-vous? s'écria Love en nous voyant repasser le brancard dans nos bricoles de cuir.

— A deux pas plus loin, lui répondis-je; il fait trop froid ici pour nous qui avons chaud. C'est le camarade qui veut sortir de ce corridor de neige.

Elle nous demanda plusieurs fois s'il n'était pas temps de s'arrêter; mais nous allions toujours, en lui disant que nous arrivions. Quand, après les neiges, elle se vit au pied du cône, elle s'écria qu'elle ne voulait pas aller plus loin; mais nous étions déjà lancés, et, comme elle faisait mine de se lever pour arrêter Leclergue:

— Miss Love, lui dis-je avec autorité, il est trop tard; si vous faites un mouvement, vous nous faites tomber, et nous sommes perdus tous les trois!

Elle se tint immobile, les mains crispées sur les bras du fauteuil et retenant sa respiration.

Si l'effort fut grand, Leclergue seul s'en aperçut, et encore avait-il le moins de peine, puisqu'il enlevait sans être chargé de retenir. Quant à moi, je ne m'aperçus de rien; je n'étais plus dans les conditions régulières de la vie, et je crois que, si le cône eût été du double plus haut, je l'eusse escaladé sans effort; je jouais le tout pour le tout; il m'était absolument indifférent de mourir là, si je ne devais pas être aimé. Pourtant, lorsque j'arrivai, je tombai sur mes genoux en déposant le fauteuil sur le bord de la plate-forme. Leclergue, sans s'inquiéter de personne, défit sa bricole, et, en homme qui connaît tous les dangers de sa profession, descendit en courant le revers du cône, puis se jeta dans un buisson pour ne pas rester exposé sans manteau à l'air vif et saisissant qui fouettait la cime nue.

J'étais donc seul avec Love, mais sans m'en rendre compte, car je perdis un instant la notion de moi-même, je fermai les yeux comme si j'allais m'endormir, et, les rouvrant aussitôt, je regardai avec étonnement autour de moi, comme si j'avais dormi une heure. J'avais tout oublié et je contemplais, pour ainsi dire en rêve, les abîmes perdus sous mes pieds et l'immensité des brumes déployées autour de moi. Le soleil se levait splendide et balayait les vapeurs étendues sur la terre comme un lac sans limites. A travers ce voile grisâtre, les terrains diaprés et les horizons roses commençaient à apparaître comme la vision du mirage. C'était sublime et presque insensé d'apparence; mais où donc était Love dans tout cela?

Je regardais stupidement le fauteuil vide posé devant moi. Que faisait là ce meuble d'auberge, en toile rouge et jaune, planté fièrement à côté de la borne trigonométrique qui marque la cime la plus élevée de la France centrale, au pied de la croix de bois brisée par la foudre, qui tient là sa haute cour et célèbre ses grandes orgies les jours de tempête? Ce fauteuil me faisait l'effet d'une aberration du pauvre Granville dans ses derniers jours de fantaisie délirante. Tout à coup, je me rappelai Love, et je fis un grand cri où s'exhala toute mon âme. Elle était donc tombée dans le précipice? Que pouvait-elle être devenue?

Je sentis alors quelque chose de frais sur mon front, c'était sa main. Elle était à genoux près de moi, elle m'enveloppait de ses vêtements, elle m'entourait de ses bras.

— Jean de la Roche, me dit-elle, tu as donc voulu mourir ici? Eh bien, mourons ensemble, car je jure que j'ai assez souffert, et que je ne redescendrai pas sans toi cette montagne.

— Je ne mourrai pas, je ne peux pas mourir si tu m'aimes! m'écriai-je en me relevant.

Je la forçai de se rasseoir sur le fauteuil, et, prosterné à ses pieds, j'appris de sa bouche qu'elle m'avait reconnu dès le premier jour.

— Comment ne t'aurai-je pas reconnu, me dit-elle, puisque je t'avais toujours aimé? Mais, mon Dieu! qu'est-ce que je vous dis là? moi qui m'étais promis de vous étudier et de vous faire attendre!

— Méchante! m'écriai-je, pourquoi ces froides résolutions et cette prudence hypocrite quand tu me voyais là perdu de chagrin et d'amour, prêt à renoncer à toi et à en mourir peut-être?

— Renoncer à moi! reprit-elle avec une sorte de colère tendre; voilà ce que je ne peux pas vous pardonner d'avoir fait et de songer à faire encore quand le doute vous revient. Tenez, Jean, vous ne m'aimez guère!

— Et vous, vous ne m'aimez pas du tout, si vous ne sentez pas que je vous adore?

— Que la volonté de Dieu soit faite! répondit-elle en se jetant dans mes bras; je sens bien que notre amour vient de lui, puisqu'il est plus fort que toute ma raison, tout mon ressentiment et toute ma peur. Aimez-moi en despote, si vous voulez; soyez injuste, aveugle, jaloux : me voilà vaincue, mon cher mari, et je vois bien que tout ce qu'on peut dire contre la passion ne sert de rien quand la passion commande.

XXVIII

J'étais toujours aux pieds de Love, derrière le petit monument trigonométrique, lorsque des voix, qui se firent entendre au-dessous de nous, nous signalèrent l'approche du reste de la caravane. M. Butler et son fils, assez inquiets de notre audacieuse ascension qu'ils avaient vue de loin, doublaient le pas pour nous rejoindre et commençaient à gravir le cône. Love m'apprit à la hâte que son père avait été informé par elle, la veille seulement, de mon identité avec ce Jean de la Roche, dont il remarquait déjà, et de plus en plus, la ressemblance sur mon visage. Quant à Hope, il ne se rappelait réellement pas assez mes traits pour avoir le moindre soupçon, et Love me supplia de lui donner quelques jours encore pour le préparer à cette surprise.

— Ne faites semblant de rien, me dit-elle, et partez demain pour Bellevue; c'est là que nous nous rejoindrons presque en même temps. Je me charge d'informer mon père de mes résolutions, qu'il approuve d'avance, je le sais, à tel point qu'en vous donnant ma main et mon âme c'est à lui presque autant qu'à vous que je cède.

En effet, deux jours après, j'étais à Bellevue sous ma figure normale, et la famille Butler y arrivait peu d'heures après moi. La première personne qui me sauta au cou fut le cher Hope.

— Vous vous êtes moqué de moi, me dit-il; mais je vous le pardonne, à la condition qu'une autre plaisanterie que l'on m'a faite en voyage restera ce qu'elle est, une plaisanterie horrible et détestable!

— Sachez, me dit M. Butler en riant et en m'embrassant, que nous avons appris à cet enfant le motif de votre déguisement. N'était-ce pas en effet une manière adroite de vous introduire auprès de nous pour plaider la cause et faire agréer les offres de votre aimable cousin de Bressac?

— Et Love jouait cette comédie avec un sérieux irritant, reprit le jeune homme. J'ai failli croire qu'elle voulait me donner pour beau-frère l'homme qui m'est le plus antipathique, et j'ai été assez simple pour plaider votre cause et pour dire que ma sœur n'était pas libre d'épouser un autre homme que vous.

— Vous avez été plus loin, dit Love en souriant. Vous avez affirmé que je devais épouser M. de la Roche. Est-ce encore votre opinion?

— Oui, répliqua le jeune homme avec chaleur. Il faut que cela soit pour que je redevienne heureux, car j'ai cessé de l'être le jour où je vous ai vue pleurer.

— En ce cas, me voici pour dresser le contrat? dit M. Louandre, qui venait d'arriver et qui nous écoutait depuis un instant sans se montrer.

Le soir, après que nous eûmes dîné en famille et causé longtemps avec expansion, Love me dit à demi-voix :

— Décidément, mon ami, je vous aime mieux quand vous parlez en bon français, sans accent, et quand, n'ayant plus l'obligation de faire le paysan montagnard, vous montrez votre cœur et votre esprit tels qu'ils sont. Je ne dirai pas que je vous retrouve, mais qu'en ce moment je vous découvre; car il y a une chose que vous ne savez pas, monsieur Jean! c'est que vous n'êtes plus l'homme d'autrefois. Vous avez tellement gagné de toutes façons, que, si vous fussiez venu me trouver au mont Dore tel que vous voici, je ne vous aurais pas fait souffrir pendant huit jours les déplaisirs de l'incertitude.

J'étais bien heureux et bien attendri, et pourtant j'eus encore une crise pénible en retournant à la Roche. J'éprouvai une sorte d'effroi au moment de réaliser le rêve de ma vie, comme si j'eusse craint de trouver le rêve au-dessous de mes longues ambitions, ou de me trouver moi-même indigne du bonheur rêvé. Je me demandais si la supériorité de ma femme ne viendrait pas à m'humilier, et si cette amère jalousie, dont je sentais en moi l'instinct fatal, ne se tournerait pas contre son propre mérite à l'état d'envie misérable et d'orgueil froissé.

Quand je rentrai dans mon triste manoir, Catherine me trouva triste aussi, et je passai la nuit à me tourmenter, à m'accuser, à me défendre, à me chercher des torts dans le passé, dans l'avenir, dans le présent même, afin d'avoir à m'en disculper en accusant ma destinée et en frémissant d'être entraîné par elle vers un monde inconnu de joies suprêmes ou de tortures odieuses.

Cette crise fut la dernière, et, si je la rapporte dans ce récit fidèle de mes amours, c'est pour compléter l'étude de mon propre cœur et l'aveu des misères du cœur humain en général. La grande résolution du contrat conjugal est affaire d'enthousiasme, acte de foi par conséquent dans la première jeunesse. A vingt ans, j'eusse fait sans épouvante le serment de l'éternel amour; à trente ans, je sentais la grandeur de l'engagement que j'allais prendre, et, chose étrange, ma constance si bien éprouvée ne me donnait que plus de méfiance de moi-même.

Quand je revis ma fiancée le lendemain, je trouvai de l'altération sur son visage, comme si elle eût ressenti les mêmes anxiétés que moi. Interrogée sur son abattement, elle me raconta avec une admirable candeur tout ce que j'aurais pu lui raconter moi-même, à savoir qu'elle n'avait pas dormi, qu'elle avait creusé la vision de notre avenir, et que ma figure lui était apparue trouble et inquiète, enfin qu'elle avait pleuré sans savoir pourquoi, en se disant malgré elle ces mots cruels :

— Si nous allions ne pas pouvoir nous aimer dans le bonheur!

Je frissonnai de la tête aux pieds en entendant Love constater aussi exactement la simultanéité de nos impressions, et à mon tour je me confessai à elle.

— Eh bien, répondit-elle après m'avoir écouté avec attention, tout cela est maladif, je le vois maintenant. Nous avons douté l'un de l'autre au moment où nous devions le plus compter l'un sur l'autre. Nous sommes peut-être un peu trop âgés et un peu trop intelligents tous les deux pour ne pas nous rendre compte des dangers de la passion. Je crois que ces dangers sont réels. Nous serons encore plus d'une fois tentés, vous de me trouver trop calme et trop forte, moi de vous trouver emporté et injuste. De là pourront naître des reproches, des amertumes, des soupçons, des souffrances graves, si nous ne sommes pas résolus d'avance à combattre intérieurement notre imagination avec toute l'énergie dont nous sommes capables. Oui, vraiment, je crois à présent qu'il faut entrer dans la vie à deux, dans l'amour complet, armés de pied en cap contre les suggestions du diable, qui guette toutes les existences heureuses pour les détruire, et toutes les fêtes du cœur pour jeter son poison au fond de la coupe.

— Qu'est-ce donc, selon vous, que le diable? lui dis-je. Croyez-vous à la fatalité, comme les Orientaux?

— Je crois à la fatalité, répondit-elle, mais non pas à la fatalité souveraine. Je crois qu'elle est toujours là, prête à nous entraîner, mais que notre bonheur et notre devoir en ce monde consistent dans la mesure de nos forces pour tuer ce démon sauvage qui n'est autre chose que l'excès des désirs et des aspirations de notre âme aux prises avec l'impossible. Voilà toute ma philosophie. Elle n'est ni longue ni embrouillée. Résister et combattre, voilà tout; résister à l'orgueil et combattre les exigences qu'il suggère.

— Le pourrons-nous, *ô ma belle guerrière?*

— Oui, mon cher *Otello*, nous le pourrons, parce que nous avons cultivé notre esprit, notre raison, notre volonté par conséquent, et qu'au lieu de les négliger, nous allons nous aider l'un l'autre à les cultiver toujours davantage. Tout ce que nous donnerons de lucidité à notre intelligence nous sera rendu en confiance, en adoration réciproque par notre cœur assaini et renouvelé... Tenez! avouons-nous une bonne fois que, depuis cinq ans, nous avons du dépit l'un contre l'autre, et que, si ce mauvais sentiment donné de l'excitation à notre amour, il lui a ôté de sa candeur et de sa sainteté. Ce que nous avons éprouvé tous les deux la nuit dernière, cette espèce d'hallucination douloureuse, c'est la voix du remords qui parlait en nous, et peut-être aussi l'avertissement de la Providence, qui nous disait à chacun : « Ne tremble pas, mais veille! Voilà le malheur dans la passion. Contemple ce tableau effrayant, et souviens-toi que la passion est une chose sublime qu'il faut préserver, défendre, épurer sans cesse. C'est l'œuvre de toute la vie, c'est le mariage. Tu n'es sans doute pas assez fort pour répondre, en ce jour de trouble, de la force de ta vie entière; mais crois à la force qu'on acquiert en la demandant à la raison, à la vérité, à la force même, c'est-à-dire à Dieu. »

— Ma bien-aimée, lui répondis-je, vous êtes dans le vrai, je vous comprends enfin, et je m'explique votre énergie, votre patience et votre sérénité dans le sacrifice. Vous n'êtes pas une femme savante, vous êtes une âme véritablement religieuse, véritablement éclairée d'en haut. Eh bien, je sens que nous pouvons nous aider mutuellement, et que nos volontés, réunies et dirigées vers un but commun, peuvent arriver au miracle de l'amour inébranlable et du bonheur sans orages. C'est dans cette union de deux âmes sœurs que Dieu a caché le secret d'une telle victoire sur le démon.

Cet entretien laissa en nous des traces si profondes, que, depuis dix ans, nous sommes heureux, ma sainte femme et moi, sans qu'aucune de nos appréhensions se soit réalisée, sans que nous ayons eu de grands efforts à faire pour les éloigner, et sans que la satiété se soit annoncée par le plus léger symptôme de refroidissement ou d'ennui.

Si ce bonheur est un peu mon ouvrage, je dois dire qu'il est beaucoup plus celui de madame de la Roche. Plus ferme à son poste et plus attentive que moi, elle sait prévoir avec une admirable délicatesse les occasions ou les prétextes que l'*ennemi* pourrait prendre pour s'insinuer dans notre sanctuaire. Cet ennemi, ce démon, elle le définit très-bien en disant que c'est une fausse vue de l'idéal, un mirage de l'orgueil, une idolâtrie de soi-même, suscitée par l'amour qu'on inspire, et dont on arrive à n'être jamais satisfait, si l'on oublie que l'amour vient de Dieu et qu'on n'y a droit qu'en raison des mérites que l'on acquiert. Cette loi bestiale, imaginée par l'humanité primitive et sauvage, qui ordonne à la femme de servir et d'adorer son maître, quelque indigne et ingrat qu'il puisse être, fut écartée de notre pacte conjugal comme une impiété heureusement irréalisable de nos jours, et inapplicable à des êtres doués de conscience et de réflexion. J'eus le bonheur de comprendre et de ne jamais oublier que Love était une créature d'élite dont je devais vouloir être digne, sous peine de me mépriser moi-même, et ce noble travail de ma volonté devint bientôt une douce et chère habitude dont l'ardente reconnaissance de ma bien-aimée me paye largement à toutes les heures de ma vie.

Nous avons traversé ensemble des jours mauvais, partagé des douleurs poignantes. Nous avons perdu des enfants adorés; nous avons craint une seconde fois de perdre notre adorable père et ami, M. Butler; nous avons fermé les yeux du pauvre Black, victime prématurée d'un travail trop assidu et trop minutieux. Mais il n'est pas de douleurs, d'inquiétudes et de regrets que nous ne puissions supporter ensemble, et nous nous aimons trop l'un l'autre pour ne pas aimer la vie, quelque éprouvée qu'elle puisse être. Nous avons reporté sur les enfants qui nous restent l'amour que nous portions à ceux que nous avons tant pleurés, et nous avons la confiance de prolonger, par nos soins, la vie précieuse de leur grand-père, comme nous avons la conscience d'avoir adouci, par notre affection dévouée, l'agonie philosophique et résignée de son digne ami Junius.

Hope a été moins courageux que nous dans nos chagrins domestiques, et même la mort de M. Black, bien qu'il eût l'habitude de contredire le pauvre collectionneur et de dédaigner ses idées, lui a été sensible à un point que nul ne pouvait prévoir. Notre fille aînée a heureusement pris sur lui un empire extraordinaire. Cette enfant semble résumer toutes ses affections, et lui enseigner, sans qu'il y songe, les tendresses et les dévouements de la paternité.

FIN.

Clichy. — Impr. M. Loignon, Paul Dupont et Cie, rue du Bac-d'Asnières, 12

www.ingramcontent.com/pod-product-compliance
Ingram Content Group UK Ltd.
Pitfield, Milton Keynes, MK11 3LW, UK
UKHW031934260826
14628UKWH00004B/1612

9 782019 691233